Information importante pour les acheteurs

A la dernière page du présent manuel vous trouverez un lien vers un site vous permettant de **télécharger gratuitement les fichiers audio mp3** correspondant aux exercices.

NOUVEAU DIPLÔME NIVEAU C2
APPROFONDI DE LANGUE FRANÇAISE

PRÉPARATION DALF C2

VALEURS DE LA FRANCOPHONIE

ÉPREUVE ORALE

LIVRE DU PROFESSEUR

C2 LETTRES ET SCIENCE HUMAINES

Vasso Loukou - Agnès Matrahji

www.francaisplus.com   ÉDITIONS FRANÇAIS PLUS

Éditions **FRANÇAIS PLUS** : Vasso Loukou
Kiatou 7
15344 GERAKAS
GRÈCE
Tel : 0030 210 6019383
Email : livresfle@françaisplus.com
Site : www.francaisplus.com

ISBN Amazon : 9781519035233

Toute représentation ou reproduction intégrale ou partielle faite sans le consentement des auteurs est illicite.

SOMMAIRE

UNITÉ 1   L'ESTIME
Document 1 : Les mots de l'immigration

Plus d'écoute attentive : Confrontation entre oral et écrit
Plus d'intonation : Les caractéristiques du français
Plus de sons : Les sons [b] et [p]

Épreuves d'examen :
Première partie : Présentation du document sonore
Deuxième partie : Présentation d'un point de vue argumenté
Troisième partie : Règles pour le débat

UNITÉ 2   LE RESPECT
Document 2 : Protéger les enfants et les éduquer pour demain ?

Plus d'écoute attentive : Le discours oral
Plus d'intonation : Les enchaînements et les liaisons
Plus de sons : Les sons [y] et [u]

Épreuves d'examen :
Première partie : Présentation du document sonore
Deuxième partie : Présentation d'un point de vue argumenté
Troisième partie : Conseils pour le débat

UNITÉ 3   LA LIBERTÉ
Document 3 : Journalisme et démocratie

Plus d'écoute attentive : Les différents aspects de l'énonciation
Plus d'intonation : Les unités de sens
Plus de sons : Les sons [s] et [z]

Épreuves d'examen :
Première partie : Présentation du document sonore
Deuxième partie : Présentation d'un point de vue argumenté
Troisième partie : Intérêt du débat

UNITÉ 4   LA CITOYENNETÉ
Document 4 : Eux et nous

Plus d'écoute attentive : Différences entre oral et écrit
Plus d'intonation : L'accent français
Plus de sons : Les sons [f] et [v]

Épreuves d'examen :
Première partie : Présentation du document sonore
Deuxième partie : Présentation d'un point de vue argumenté
Troisième partie : Se préparer au débat

UNITÉ 5   LA SOLIDARITÉ
Document 5 : Le commerce équitable : une action de tous les jours ?

Plus d'écoute attentive : Joindre le geste à la parole
Plus d'intonation : L'accent de phrase
Plus de sons : Les sons [õ] et [ã]

Épreuves d'examen :
Première partie : Présentation du document sonore
Deuxième partie : Présentation d'un point de vue argumenté
Troisième partie : Trucs pratiques

www.francaisplus.com   ÉDITIONS FRANÇAIS PLUS

UNITÉ 6   LA RESPONSABILITÉ
Document 6 : L'Organisation des Nations Unies

Plus d'écoute attentive : Comprendre des informations
Plus d'intonation : L'expressivité
Plus de sons : Le son [oe]

Épreuves d'examen :
Première partie : Présentation du document sonore
Deuxième partie : Présentation d'un point de vue argumenté
Troisième partie : Et ma prononciation ?

UNITÉ 7   LE PARTAGE
Document 7 : L'avenir du français en Europe

Plus d'écoute attentive : Relever des nombres
Plus d'intonation : Les différents accents français
Plus de sons : Les sons [ʒ] et [ ]

Épreuves d'examen :
Première partie : Présentation du document sonore
Deuxième partie : Présentation d'un point de vue argumenté
Troisième partie : Simulation de débat

UNITÉ 8   LA DIVERSITÉ
Document 8 : La francophonie

Plus d'écoute attentive : Pour rendre compte
Plus d'intonation : Le français tel qu'on le parle
Plus de sons : Les sons tels qu'on les entend

Épreuves d'examen :
Première partie : Présentation du document sonore
Deuxième partie : Présentation d'un point de vue argumenté
Troisième partie : Simulation de débat

TEST 1
Document : **La violence à la télévision**
Épreuves d'examen

TEST 2
Document : **La France prépare mal l'avenir de sa jeunesse**
Épreuves d'examen

TEST 3
Document : **La culture, vecteur de développement?**
Épreuves d'examen

Fiche d'évaluation

DIPLÔME APPROFONDI DE LANGUE FRANÇAISE

La maîtrise de la langue se traduit par un degré de précision, d'adéquation et d'aisance dans l'expression. Le candidat de C2 est capable de réaliser des tâches académiques ou de niveau avancé.

Le DALF (C1 ou C2) exempte de tout test linguistique pour **l'entrée à l'université française.**

Nature des épreuves : **C2**	Durée	Note sur

Compréhension et production orales
Épreuve en trois parties :
- compte rendu du contenu d'un document sonore (deux écoutes)
- développement personnel à partir de la problématique exposée dans le document
- débat avec le jury.
   2 domaines au choix du candidat :
     lettres et sciences humaines, sciences
	passation :
	0 h 30
	préparation :
	1 h
		/ 50

Compréhension et production écrites
Production d'un texte structuré (article, éditorial, rapport, discours...) à partir d'un dossier de documents d'environ 2 000 mots.
   2 domaines au choix du candidat : lettres et sciences humaines,
     sciences
	3 h 30	/ 50

Durée totale des épreuves collectives : 3 h 30

Note totale sur 100
Seuil de réussite pour l'obtention du diplôme : 50/100
Note minimale requise par épreuve : 10/50

L'usage de dictionnaires monolingues français/français est autorisé.

AVANT PROPOS

Ce manuel est un instrument de travail pour le professeur qui prépare des étudiants à l'examen du DALF, niveau C2, compréhension et production orales, Lettres et sciences humaines.

Il s'adresse à tous les professeurs qui souhaitent faire réussir leurs élèves à l'examen du DALF C2 oral, à ceux qui désirent améliorer leurs connaissances de la langue française, au niveau de l'oral, dans un but personnel ou professionnel.

Le **DALF**, Diplôme approfondi de langue française, au **niveau C2**, épreuve orale, vise un niveau de perfectionnement élevé. Il correspond à une utilisation expérimentée de langue française sans toutefois égaler les compétences d'un locuteur natif.

Le DALF C2 dispense du test linguistique d'accès à toutes les universités françaises.

L'épreuve du **DALF, niveau C2, de compréhension et production orales,** du Cadre européen de référence, basée sur deux écoutes d'un document sonore d'environ 15 minutes, est composée de trois parties : (deux monologues suivis et un exercice en interaction)
    1. Présentation du document sonore
    2. Présentation d'un point de vue argumenté
    3. Débat

Le candidat dispose d'un temps de préparation d'une heure. Le temps de passation est de trente minutes. Cette épreuve est notée sur 50 points, une note minimale de 10 sur 50 est exigée
L'épreuve de : compréhension et production écrites sont présentées dans le livre:
PREPARATION DALF C2 VALEURS DE LA FRANCOPHONIE,
        C2 Lettres et sciences humaines.

Les deux manuels de la collection ont les mêmes objectifs. On retrouve dans le manuel **PREPARATION C2 ORAL**, les mêmes thèmes des valeurs de la francophonie: **l'estime, le respect, la liberté, la citoyenneté, la solidarité, la responsabilité, le partage, la diversité.**
Ce livre comprend :
- 8 unités dont les thèmes correspondent aux unités du livre Préparation C2
- des activités en plus, afin d'améliorer la compétence orale:
    Plus d'écoute attentive   **Plus d'intonation**   **Plus de sons**
- les épreuves d'examen en trois parties
- 3 tests blancs
- une fiche d'évaluation

Á noter qu'une présentation et une introduction sont faites pour chaque document enregistré et que sa transcription figure dans le livre du professeur.

L'épreuve orale vise à faire acquérir des stratégies d'écoute et de compréhension d'énoncés enregistrés. Si l'acte d'écouter est banal en langue maternelle, ce n'est plus le cas en langue étrangère. Ce manuel d'entraînement à l'épreuve orale propose une démarche didactique:
  - premièrement sur **l'écoute attentive du texte**: l'auditeur doit avoir une compréhension globale et savoir se bâtir une représentation mentale du texte entendu. Par conséquent, il lui faut développer des stratégies utiles pour **prendre des notes, repérer des informations**, les **hiérarchise**r, après avoir entendu des voix différentes de celles dont il a l'habitude. C'est pourquoi les documents sonores proposés dans cette méthode ont des rythmes, des intonations, des façons de parler et des accents différents
  - deuxièmement sur **la prestation orale**: le locuteur doit savoir prendre la parole pour présenter le document, en reformuler les informations importantes et les points de vue exprimés pour ensuite présenter une opinion personnelle sur un thème en référence avec la problématique du document et dernièrement, il doit être en mesure de débattre avec le jury

Dans le livre du professeur est proposée la transcription qui peut être utilisée dans un travail de lecture afin que l'étudiant puisse "visualiser" ce qu'il a entendu, afin qu'il s'approprie le texte par sa lecture personnelle. Par ce dernier travail, le professeur donne un sens complet à son enseignement de la langue française en proposant la maîtrise des stratégies de compréhension du texte oral et en développant chez l'apprenant des compétences de locuteur.

En espérant contribuer à l'apprentissage du niveau C2, par cet ouvrage, nous avons voulu être utiles à l'initiation à l'écoute et au perfectionnement d'activités et de stratégies de compréhension de l'oral en langue française.

                              Les auteures :
                              Agnès Matrahji, Vasso Loukou.

ÉPREUVE DE COMPREHENSION ET PRODUCTION ORALES

LES CONSIGNES

Vous allez entendre deux fois un enregistrement sonore de 15 minutes environ.
Vous écouterez une première fois l'enregistrement en vous concentrant sur le document.
Prenez des notes.
Vous aurez ensuite trois minutes de pause.
Vous écouterez une deuxième fois l'enregistrement.
Vous aurez alors une heure pour préparer votre intervention.

Cette intervention se fera en trois parties : (deux monologues suivis et un exercice en interaction)

PREMIÈRE PARTIE : 1. Présentation du document sonore
DEUXIÈME PARTIE : 2. Présentation d'un point de vue argumenté
TROISIÈME PARTIE : 3. Débat

1. **Présentation du document sonore :**
   Vous devez présenter, en cinq minutes environ, le contenu du document.
   Vous reformulez l'ensemble des informations et des points de vue qui y sont exprimés.
   Vous organisez votre présentation selon une structure logique et efficace.

2. **Présentation d'un point de vue argumenté :**
   Vous devez présenter votre développement personnel à partir de la problématique proposée dans la consigne, en une dizaine de minutes.
   Vous organiserez votre discours de manière élaborée et fluide avec une structure logique et efficace qui marquera bien les points importants.

3. **Débat :**
   Vous débattrez avec le jury. Vous serez amené (e) à défendre, nuancer, préciser votre point de vue et à réagir aux propos de votre interlocuteur.

À NOTER
La transcription du texte
peut être exploitée dans une démarche pédagogique :
   1. écoute attentive
   2. essai de reconstitution orale
   3. réponse aux questions
   4. lecture de la transcription
   5. remédiation, correction des erreurs

et en vue d'une amélioration :
   - de la lecture : lire le texte en "appuyant" les mots en gras
   - du vocabulaire : relever les mots soulignés d'un champ lexical

UNITÉ 1

L'ESTIME

Compréhension et production orales

Les mots de l'immigration
Enregistrement de l'émission RFI : Danse des mots du 31.05.2006
Présentation : Yvan Amar

Introduction:
On le sait aujourd'hui, en France, on vit dans ce qu'on appelle une société multiculturelle qui pose le problème de l'appellation de celui qui n'est pas né en France mais qui y vit, ou bien qui est né en France mais dont les parents n'y sont pas nés... C'est un peu difficile parce que les mots n'ont pas la même couleur, n'ont pas le même écho selon le contexte. Il y a beaucoup de mots familiers qui ont été inventés pour désigner les immigrés, des mots familiers sur le sens desquels la plupart du temps on s'accorde, mais parfois c'est un peu plus flou... Alors Sophie Mallet a promené son micro pour recueillir un certain nombre d'impressions et de sentiments sur la signification de ces mots d'immigration.

Rappel: pour le travail de lecture, les mots en gras peuvent être "appuyés" et les mots soulignés constituent un champ lexical. Ici: la société multiculturelle.

Transcription:
- Bonjour, on le sait aujourd'hui en France, on vit dans ce qu'on appelle **une société multiculturelle**, ouf, le mot est un peu institutionnel, le mot est un petit peu savant, peut-être, de toute façon, ce n'est pas l'apanage de la France d'être une société multiculturelle. On en parle, on en a parlé, dans de nombreux pays, par exemple aux Etats-Unis depuis très longtemps, on a parlé du "melting pot", c'est-à-dire de ce **creuset** de mélange, ensuite on a parlé du "salad bowl", c'est le bol à salade où on disait voilà, là il y a un grain de riz, un grain de maïs, y a un petit pois, y a des verts, des jaunes, y a des blancs, y a des rouges, des noirs, etc... Les gens, en général ne s'y sont pas retrouvés : **"non, non, non, moi, je ne suis pas un grain de maïs, je ne suis pas un grain de riz, etc... En France**, on dit plutôt aujourd'hui **une société multiculturelle** qui bien sûr va poser **un problème**: **comment** est-ce qu'on se nomme ? **Comment** est-ce qu'on se nomme soi-même ? Comment est-ce qu'on nomme l'autre ? **Comment** est-ce qu'on nomme celui qui n'est pas né en France mais qui y vit ou bien qui est né en France mais dont les parents n'y étaient pas nés, etc...C'est un problème **difficile** parce que les mots n'ont pas la même couleur, si on peut dire, n'ont pas le même écho selon le contexte, selon la personne qui les prononce, heuh, ça dépend aussi, d'ailleurs, de la personne **à qui** on s'adresse. En fait, toute la situation de communication est en jeu pour savoir si c'est un mot est **neutre**, si un mot est **péjoratif**, si un mot porte une certaine fierté. Alors, il y a beaucoup de mots familiers qui ont été inventés pour désigner, disons **les immigrés**, des mots familiers sur le sens desquels, la plupart du temps, on s'accorde, mais c'est un **petit peu plus** flou et chacun d'ailleurs va donner à ces mots, non pas le sens qu'il croit, mais le sens qu'il sent peut être...Alors Sophie a promené son micro pour recueillir un certain nombre d'impressions et de sentiments, **justement** sur la signification de ces mots d'immigration.
- Il y a le Français d'origine algérienne qu'on appelle "Beur", il y a le "Pied- noir" qui est né là-bas et qui est revenu, **voilà** y a le "Pied-noir" et là la signification...et puis il y a le "Blédare", le "Blédare" c'est le type qui vient d'Algérie **mais pour** s'installer en France, "blédare" ça vient du "bled", "bled" qui veut dire "pays" et "Blédare" ils y ont fait une signification par rapport à ça. Mais je dis que je suis pas "Blédare" parce qu'un "Blédare" pour eux c'est celui qui vient du "bled" pour vivre en France, alors que moi, je viens pas pour vivre en France, je viens pour une période et je repars. Ma vie est en Algérie.
- Mais le mot "Beur", qu'est-ce que vous en pensez ?
- "Beur" pour moi, ça vient du mot arabe, "rebeu", voilà "beur" c'est "zebda" comme on dit chez nous, c'est le "beurre". **Mais** pour moi, je le considère comme le Français d'origine algérienne. **Mais**, malheureusement que, celui là, le Beur, le Français d'origine algérienne, quand il arrive au pays, c'est l'émigré, **alors que non**, lui, c'est un Français qui est né là-bas! Quand, par exemple y a une jeune qui est née ici, une jeune Française qui est née ici, qui a grandi ici mais qui a ses parents d'origine algérienne, quand elle va en été chez nous, elle est considérée comme une émigrée, alors que, l'émigré c'est **non pas**, l'émigré c'est, même leurs parents qui ont quitté l'Algérie, on les considère

www.francaisplus.com   ÉDITIONS FRANÇAIS PLUS

comme "**émigrés**" en Algérie, **alors que non**, ils sont émigrés en France! En Algérie, ils sont **chez eux**! Mais on les appelle les émigrés alors que "**émigré**", c'est celui qui est dans un pays étranger et les gens de ce pays l'appellent "l'émigré" parce qu'il vient d'un autre pays.

- Bonjour, je m'appelle Cheeze, je suis rappeur slammeur, pour moi le mot "Beur" c'est un peu l'appellation, on va dire qui concerne **tous** les enfants d'immigrés de la communauté maghrébine alors que ce soit Tunisie, Maroc, Algérie, et **donc**, on nous a appelés un peu comme ça, surnommés, dans les années 80, on nous a attribué ce petit sobriquet et on va même plus loin en petit "Rebeu" en verlan: à l'envers. Et **donc voilà**, moi je suis de la troisième génération, c'est mon grand-père qui est venu d'Algérie s'installer à la montagne, ma mère a rencontré mon père en Bretagne et **donc** je suis né en Bretagne. Je suis pas spécialement **contre ou pour**, ce surnom, pourquoi pas ? Après, y a, y a d'autres surnoms comme ça, mais je pense que c'est venu plutôt d'un mouvement sympathique populaire qui est venu quand Le Pen commençait déjà à **trop** l'ouvrir sur ses propos, avec ses propos extrémistes, y a eu un mouvement SOS Racisme qui a été créé, y a eu **beaucoup de** prises de conscience **justement**, y avait un climat en France, un peu **spécial**, un petit peu **tabou** dans le rapport qui y avait entre les émigrés et leurs enfants qui maintenant, qui maintenant avaient le bac, étaient policiers, etc... et on a appelé cette génération "la génération Beur".

- Effectivement, le mot "beur" est né dans les années 80, y a eu la marche des Beurs, qu'est-ce que ça t'évoque ?

- "SOS Racisme", "Touche pas à mon Pote" et euh, moi je pense que **oui**, c'est assez **tabou**, difficile en plus parce que c'est récent hein...C'est récent qu'il y ait des gens, des hommes, des femmes issus de l'immigration qui prônent leur appartenance à la France, qui ne font pas spécialement de tabou avec leur enveloppe extérieure et **qui s'en foutent** même royal et **tant mieux** donc, euh...ça peut gêner aussi de se faire appeler "Beur" quelque part...mais..."Beur" ou "Rebeu"....sais pas ou comme quelque chose d'autre, ou "Black", on peut généraliser quelque part...

- Et quand on prend le mot "immigré" dans le Petit Robert, par exemple ça dit: "l'étranger par rapport au pays qui l'accueille, qui est venu d'un pays peu développé pour travailler dans un pays industrialisé". Est-ce que toi le mot "beur" ça t'évoque ça ?

- **Non**, ça n'évoque pas ça parce que, bon c'est vrai, déjà c'est un côté économique, et l'immigration souvent c'est ça, ça a un côté économique. **Non, Non**, je ne suis **pas d'accord** sur ça. Après, je dirai qu'aujourd'hui **on est là**, et on est acteur de la société au même titre **que n'importe qui**, et **on est fier**.

- Est-ce que tu sais que le mot "beur" est dans le dictionnaire ?

- Ouais, **sûrement**, mais il y a plein de....**Mais tant mieux** ! On a la chance de vivre dans **un pays** qui accueille, qui a une langue **riche et subtile**, avec plein de mots, plein d'expressions, qui accepte son argot. **On a le droit** de s'exprimer. C'est tout à fait normal, moi ça me fait plaisir, comme mon grand-père, je respecte les lois de son pays d'accueil et ses traditions, ses coutumes, sauf que moi j'ai eu la chance, en naissant ici, d'apprendre sur le tas, d'évoluer, **ainsi**, eux, ceux de la génération avant moi, c'étaient des caricatures dans les médias, toujours des comiques, qui se foutaient de la gueule des Blacks et des Beurs; **justement**, l'émigré c'était celui qui ne sait pas bien parler, qui travaille dans un chantier, qui ramasse les poubelles, quelque chose comme ça, et puis, en 20 ans, **hop**, les enfants sont là, et puis c'est des super sportifs, c'est des avocats, c'est des médecins, **super** médecins, on sait pourquoi et puis voilà, qu'est-ce qu'on en a fait ?

- **Donc**, le mot "beur" ça témoigne d'une avancée générationnelle, mais est-ce que tu te sens identifié par ce mot "beur" ?

- **Ouais, bien sûr** et même "Petit-Beur" parce que je suis le petit fils d'immigrés, pourquoi pas "Petit-Beur" ? Je me définis comme Français d'origine algérien et après "Beur", **oui**, pour moi, c'est pas catalyser ou enfermer quelque chose quelque part, parce que, n'oublions pas que de toutes les communautés dans cette régions du monde qui est le Nord de l'Afrique, dont je suis issu, il y a eu beaucoup de choses dans l'histoire qui ont été frappantes et bouleversantes, je pense à la communauté harki, je pense à tous ceux qui ont **un parent français** et un parent d'origine maghrébine. Après, "Beur" ça concerne aussi beaucoup de personnes, ça peut concerner des personnes qui ont **un parent** d'origine maghrébine, qui ont **un parent** qui a habité dans une région du monde qui a été située géographiquement ou géopolitiquement à un moment qui fait que, ils appartiennent à une communauté, je pense **notamment** aux harkis, je pense à toutes ces personnes qui viennent aussi du Maroc, de l'Algérie, dans plusieurs régions d'Algérie et ça peut concerner **beaucoup de personnes**, ça peut concerner aussi les personnes euh, qui pensent que, par un choix religieux, heuh, adhèrent à une pratique, on va dire une pratique de civilisation, alors que ça, **par contre**, c'est un peu faux, c'est un peu désuet et aujourd'hui, heuh, les "Beurs" c'est **vraiment** tous ces enfants, petits enfants, **et même** arrières petits enfants, parce que j'ai moi-même deux garçons qui sont originaires d'un grand parent ou des deux, qui vient du Maghreb et qui a émigré vers la France.

www.francaisplus.com   ÉDITIONS FRANÇAIS PLUS

Voilà, ça concerne la France le mot "beur". Moi je suis un Beur, je suis un Petit Beurre, un Petit Lu, un Petit Rebeu parmi tant d'autres. Et je le prends pas comme une griffe de l'histoire, une étiquette de supermarché, heuh, parce que je me souviens qu'effectivement, que c'est venu dans les années 80 avec la volonté de s'affirmer heuh, "identitairement" et culturellement par rapport à la France et heuh, **contre** ce choc des différences de cultures qui a été **très, très mal** vécu et qu'on en a pas parlé pendant 20 ans, 30 ans, et **aujourd'hui**, dès qu'il y a le moindre petit dérapage, c'est tout de suite à la une et je trouve ça **vraiment dommage** et heuh, je dirai après que d'un côté certaines personnes **assument** leur histoire et leur situation géographique et politique, et d'un autre côté, que certaines aussi **assument**, l'endroit où y sont, la culture qu'ils rencontrent, les gens avec qui ils vivent. Et à tous, **arrêtez de penser**, il y a 30 ans, y a 50 ans, y a 100 ans **quoi** ! En 2006, on est **hyper** nombreux, y a pas beaucoup de place, on va faire avec quoi, faut vivre ensemble !
- Donc "beur" c'est un mot plutôt générationnel. C'est parti de la Marche des Beurs dans les années 80 mais est-ce que, pour toi, ça correspond à tous, j'allais dire même aux nouveaux arrivants des pays du Maghreb, les nouveaux immigrés des pays du Maghreb, économiques surtout ?
- Là, c'est **un peu** délicat...heuh, je sais pas...je pense que **non, vraiment**, les immigrés qui viennent de Nord Afrique aujourd'hui, **ce ne sont pas** des Beurs, les Beurs ce sont les enfants des immigrés qui sont..., c'est **uniquement** ça, les Beurs, ce sont les enfants, les immigrants. Les immigrés ne sont pas des Beurs, après **oui**, c'est une génération, la génération black-blanc-beur. Il a fallu attendre que Zidane marque des buts, ramène quelque chose à la France en football pour qu'on aime nos Petits Beurs, ou alors qu'on ait un cheb Khaled qui nous chante des chansons d'amour pour qu'il y ait un petit peu cette acceptation, on va dire populaire, ça concerne **tous** les descendants, les petits-enfants des immigrés qui sont venus entre les années 50 et les années 80 travailler en France et vivre en France.
- **Bien sûr**, moi j'ai pas de scrupules avec ce que je véhicule, avec **ma tête**, ma face, je déambule, j'avance, je recule et calcule pas le temps dans le passé, dans le présent et c'est récent, j'ai ressenti **aussi** cette différence du regard entre ceux qui nous regardent **toujours**, qui cherchent la bagarre. Pourquoi se projeter dans **le passé**, aller chercher dans son côté côlon, le caca qui est enfoui. **Aujourd'hui**, je suis ce que je suis, même si j'ai une tête de méchoui grillé, de rebeu, cramé par tous ceux qui veulent nous enfermer, nous élever comme des moutons ou nous faire fumer ce qu'ils nous avaient donné à brouter. **Pigé** ? **Aujourd'hui**, je ne peux pas rebrousser chemin, je retrousse mes manches, je fais pas la manche du lundi au dimanche, je travaille. **Je suis content d'être français**. Sans offenser, ici en fonçant, en exprimant ici avec mes rimes et tout ce que j'ai du côté intime. Mon prénom, c'est Karim. Mon surnom, c'est Cheeze, mon pseudonyme. Reviens encore une fois dans ta...Tu me reconnais...Tu sais qu'il n'y a pas de Keublard avec moi, ici encore une fois ici...C'est pour les **Blacks, les Blancs, les Beurs**, tous ceux qui se sentent frères et sœurs, qui respectent leurs familles, à la Bastille, en Révolution, en association, en production, ou alors en accélération, démonstration... et je termine pour dire que c'était Cheeze.

Définitions:
émigrer: quitter son pays pour s'établir dans un autre, l'émigration c'est l'expatriation
immigrer: entrer dans un pays étranger pour s'y établir, l'immigration c'est l'entrée de personnes non autochtones dans un pays

Plus d'écoute attentive

Confrontation entre oral et écrit
Lorsque vous écoutez le texte de l'enregistrement, vous vous faites une représentation mentale de ce que vous avez entendu. Vous concevez des éléments dans votre tête, sans support écrit, ou imagé. Lorsque vous lisez la transcription du texte entendu, c'est une révélation, vous pouvez mettre des mots derrière ce que vous vous figuriez. Vous êtes par ailleurs satisfait de constater que l'écrit correspond à votre entendement du document oral. Procédez donc toujours ainsi, écoutez le document enregistré, plusieurs fois, travaillez-le et ensuite passez à la lecture de sa transcription.

Exercice 1

Lisez le texte **A** et le texte **B**, lequel correspond au document entendu? Lequel correspond plus à un texte écrit? (il s'agit du texte A) Soulignez les mots en plus dans le texte **B**.

A. Comment est-ce qu'on nomme celui qui n'est pas né en France mais qui y vit ou bien qui est né en France mais dont les parents n'y sont pas nés ? Difficile à définir parce que les mots n'ont pas la même couleur, n'ont pas le même écho selon le contexte, selon la personne qui les prononce, cela dépend aussi de la personne à qui on s'adresse. Toute la situation de communication est en jeu pour savoir si un mot est neutre ou péjoratif. Il y a beaucoup de mots familiers qui ont été inventés pour désigner les immigrés, sur le sens desquels on s'accorde la plupart du temps …

B. Comment est-ce qu'on nomme celui qui n'est pas né en France mais qui y vit ou bien qui est né en France mais dont les parents n'y sont pas nés ? <u>C'est un peu</u> difficile parce que les mots n'ont pas la même couleur, <u>si on peut dire</u>, n'ont pas le même écho selon le contexte, selon la personne qui les prononce, <u>ça dépend aussi</u>, <u>d'ailleurs</u>, de la personne à qui on s'adresse. <u>En fait</u>, toute la situation de communication est en jeu pour savoir si c'est un mot est neutre, si un mot est péjoratif. <u>Alors</u>, il y a beaucoup de mots familiers qui ont été inventés pour désigner, <u>disons</u> les immigrés, des mots familiers sur le sens desquels la plupart du temps on s'accorde

Exercice 2

1. Dans la situation de communication directe, il arrive fréquemment qu'on ne trouve pas le mot exact et qu'on utilise des termes approximatifs: *"quelque chose, un truc, des gens, ça..."* La syntaxe n'est pas stricte à l'oral. Des termes familiers, des néologismes, des anglicismes sont courants. On ne parle pas comme on écrit.
Soulignez dans cet extrait du texte enregistré sur le CD de votre livre, les expressions et les constructions qui vous semblent plutôt appartenir à la situation de communication orale.

- Est-ce que tu sais que le mot "beur" est dans le dictionnaire ?
- <u>Ouais</u>, sûrement, mais <u>il y a plein de</u>….Mais <u>tant mieux</u> ! On a la chance de vivre dans un pays qui accueille, qui a une langue riche et subtile, avec plein de mots, <u>plein</u> d'expressions, qui accepte son argot. On a le droit de s'exprimer. C'est tout à fait normal, <u>moi ça me fait plaisir,</u> comme mon grand-père, je respecte les lois de mon pays d'accueil et ses traditions, ses coutumes, <u>c'est que moi j'ai eu la chance</u>, en naissant ici, d'apprendre sur le tas, d'évoluer, ainsi, eux, ceux de la génération avant moi, <u>c'étaient des caricatures</u> dans les médias, toujours des comiques, qui <u>se foutaient de la gueule</u> des Blacks et des Beurs; <u>l'émigré c'était celui qui</u> ne sait pas bien parler, qui travaille dans un chantier, qui ramasse les poubelles, <u>quelque chose comme ça,</u> et puis, en 20 ans, <u>hop</u>, les enfants sont là, et puis c'est des <u>super</u> sportifs, c'est des avocats, c'est des médecins, des <u>super</u> médecins, on sait pourquoi et <u>puis voilà,</u> qu'est-ce qu'on en a fait ?

2. Relier les expressions typiques de l'oral à leur signification.

1. hein ?   A. pour conclure
2. si vous voulez   B. pour accepter
3. euh …   C. pour marquer une hésitation
4. voilà   D. pour rechercher l'approbation
5. ouais   E. pour nuancer

1	2	3	4	5
D	E	C	A	B

Plus d'intonation

Les caractéristiques du français

Le français se caractérise par une exceptionnelle tension musculaire pendant l'acte de parole. Cette grande dépense d'énergie est toute intérieure et nullement visible par l'interlocuteur, mais il en résulte une **stabilité du timbre des sons** au cours de l'articulation marquée dans les voyelles, dans les consonnes. Le rythme très particulier du français est produit par la presque **égalité des syllabes** qui

se succèdent. Toutes les syllabes à l'intérieur d'un mot ont la même durée. Pas une syllabe plus forte que l'autre, à moins d'accent d'insistance pour mettre en valeur comme dans: *C'est passionnant!*
L'accent en français porte sur la dernière syllabe du mot ou du groupe de mots comme dans : *Monsieur, Monsieur le Président.*
Donc, l'accent français se caractérise non pas par une intensité plus forte, mais ar un allongement de la durée sur la syllabe accentuée. Enfin, la tension permet de donner aux syllabes françaises **une intonation relativement "plate"**, avec des montées ou descentes mélodiques.

Exercice 1
Afin d'éviter une prise de parole monotone, faites une lecture expressive de cet extrait de l'enregistrement, en intensifiant les mots en gras pour leur sens:
Exemple : "*rapidement*" ne peut pas être lu lentement, "*énormément*" doit avoir du volume…

"Beur" ça concerne aussi **beaucoup** de personnes, ça peut concerner des personnes qui ont un parent d'origine maghrébine, qui ont un parent qui a habité dans une région du monde qui a été située **géographiquement** ou **géopolitiquement** à un moment qui fait que, ils appartiennent à une communauté, je pense **notamment** aux harkis, je pense à **toutes ces personnes** qui viennent du Maroc, de l'Algérie, dans plusieurs régions d'Algérie et ça peut concerner **beaucoup de personnes**, ça peut concerner **aussi les personnes** qui pensent que, par un choix religieux, adhèrent à une pratique, on va dire une pratique de civilisation, alors que ça, **par contre**, c'est un peu faux, c'est un peu désuet et aujourd'hui les "Beurs" c'est **vraiment** tous ces enfants, petits enfants, et **même** arrières petits enfants, parce que j'ai **moi-même** deux garçons qui sont originaires d'un grand parent ou des deux, qui vient du Maghreb et qui a émigré vers la France. **Voilà**, ça concerne la France le mot "beur".

Plus de sons

Les sons [b] et [p]

Exercice 1
Faites une première lecture en appuyant le son **[s]**, une deuxième lecture en appuyant le son **[p]**, puis une troisième lecture normale.

- Bonjour, on le sait aujourd'hui en France, on vit dans ce qu'on appelle une société multiculturelle, ouf, le mot s'est un peu institutionnalisé, le mot est un petit peu savant, peut-être, de toute façon, ce n'est pas l'apanage de la France d'être une société multiculturelle. On en parle, on en a parlé, dans de nombreux pays, par exemple aux États-Unis depuis très longtemps, on a parlé du "melting pot", c'est-à-dire de ce creuset et de ce mélange de personnes.

Pour bien distinguer [b] de [p] :
Il faut chercher à obtenir une consonne plus aiguë par:
- une intonation montante
- la proximité de voyelles aiguës: [i], [e], [y]
- la position initiale
- l'opposition

Exercice 2
Lisez les mots suivants en faisant attention à :
1. Une intonation montante :

Partir ?	Pourquoi ?	Pourquoi pas ?
Payer ?	Pourquoi ?	Pourquoi pas ?
Pêcher ?	Pourquoi ?	Pourquoi pas ?
Porter ?	Pourquoi ?	Pourquoi pas ?
Partager ?	Pourquoi ?	Pourquoi pas ?
Persuader?	Pourquoi?	Pourquoi pas ?

2. La proximité de voyelles aiguës: [i], [e], [y]
   [i] : piano, pigeon, pilier, pilote, pistolet, pirouette
   [e] : pépin, péril, pépite, pétale, pétrole, pétillant
   [y] : pull, puce, puma, pureté, punaise, pulvériser

3. La position initiale (renforcer la tension sur la lettre initiale) ou à l'intérieur d'un mot
   puis, prêt, port, pli, proche
   depuis, apprêter, apporter, replier, rapprocher

4. L'opposition
   externe: passe/basse, pastille/Bastille, patte/batte, pâton/bâton, peur/beurre, pas toi/bas toi, pelle/belle
   interne: parabole, pénible, probable, pliable, plomber, poubelle

Exercice 3

Amusez-vous à répéter :

Poisson sans boisson, c'est poison !

Épreuves d'examen

1. Première partie : Présentation du document sonore
Pour pouvoir présenter le plan du texte entendu, nous vous conseillons d'utiliser la fiche de l'épreuve écrite qui vous a été proposée dans le livre de Préparation C2, Compréhension et productions écrites et dont vous avez l'habitude.

FICHE

La situation de communication :
La transmission : il s'agit d'une émission de radio avec un journaliste qui présente l'émission et une journaliste qui a fait des interviews.
Le caractère du document : est public puisqu'il est destiné aux auditeurs de Radio France International, le vouvoiement du début "qu"est-ce que vous en pensez?" passe très vite au tutoiement "qu'est-ce que ça t'évoque?"
Les locuteurs : il y a plusieurs interlocuteurs, la journaliste interroge des jeunes hommes d'origines différentes
L'intention des locuteurs : les personnes interrogées situent dans l'histoire le phénomène de l'émigration, précisent la définition du mot "émigré", relèvent des erreurs dans cette définition et évoquent la situation actuelle des émigrés.
L'objet d'étude : LA SOCIETE FRANCAISE
Le thème : les émigrés
Le concept :
   définition : on appelle "émigré" la personne qui vient d'un autre pays que le sien.
   mots-clés : une société multiculturelle, l'émigré, les Beurs, les générations, Black-Blanc-Beur

La problématique : dans une société multiculturelle, comment appeler les gens qui y vivent et qui n'y sont pas nés, ou dont les parents n'y sont pas nés?

La délimitation du sujet dans le temps :
Historiquement : dans les années 50 et dans les années 80, les émigrés de la communauté maghrébine sont surnommés "Beurs" et des mouvements antiracistes comme "SOS Racisme", "Touche pas à mon Pote" ont défendu leurs conditions de vie en France.
Aujourd'hui : les enfants d'émigrés sont intégrés et représentés dans la société française, à tous les niveaux, médecins, avocats, chanteurs, sportif…

La délimitation du sujet dans l'espace géographique :
en France et dans les pays du Maghreb, le Maroc, l'Algérie

Les idées :
- la France est une société multiculturelle, c'est-à-dire avec des Français d'origine diverses
- le surnom de "Beur" caractérise les enfants d'émigrés de la communauté maghrébine

- les Beurs sont les enfants d'émigré, c'est une génération, la seconde
- les gens issus de l'immigration sont aujourd'hui Français.
- autrefois les émigrés occupaient des emplois subalternes, aujourd'hui, ils sont considérés et applaudis (Zidane)

Un exemple pour illustrer une idée :
Zinedine Zidane en marquant des buts pour l'équipe de France de football est devenu complètement français.

La conclusion :
Les appellations, les surnoms n'enferment pas des identités. Les personnes assument leur spécificité d'origine et leur situation dans le pays où elles vivent. Les enfants d'émigrés ne vivent pas dans le passé de leurs parents mais dans le présent de leur quotidien. Le monde est petit pour tous, il vaut mieux apprendre à vivre avec les différences, toutes peaux confondues!

2. Deuxième partie : Présentation d'un point de vue argumenté

Vous présenterez votre point de vue sur le thème suivant, en une dizaine de minutes :

"Pourquoi les émigrés ont des difficultés à s'intégrer et comment mieux les accueillir ?"

Vous organiserez votre discours de manière élaborée et fluide avec une structure logique et efficace qui aidera le destinataire à remarquer les points importants.

Idées: le problème de la langue, les différences de cultures, l'absence de structures d'accueil, l'absence de politique suivie, l'absence de logements sociaux, les difficultés à trouver du travail, les salaires plus bas donnés aux émigrés, le rejet sur les émigrés des problèmes de chômage et de pauvreté, le seuil d'intégration est de 3% d'émigrés dans une population locale…

3. Troisième partie :

Dans cette partie, vous débattrez avec le jury. Vous serez amené(e) à défendre, nuancer, préciser votre point de vue et à réagir aux propos de votre interlocuteur.

Règles pour le débat

L'exposé oral est un exercice de communication orale qui sert à pratiquer, renforcer et améliorer l'aptitude à s'exprimer.
L'exposé oral sert de prétexte pour créer une situation de communication qui sert à animer une discussion avec le jury.
L'exposé établit un nouveau type de relation : locuteur - interlocuteur. Vous n'êtes plus en situation d'écoute, c'est vous qui jouez le rôle de présentateur. Le professeur, membre du jury, peut intervenir, cesser d'intervenir, prendre des notes. Lorsqu'à son tour il prendra la parole pour le débat, ce sera pour poser des questions, pour réorienter la discussion, pour détendre, pour encourager…

UNITÉ 2

LE RESPECT

Compréhension et production orales

Protéger les enfants et les éduquer pour demain ?
Enregistrement de l'émission RFI : Élan du 03.12.2006
Présentation : Benson Diakité

Introduction:
Alors que vient d'avoir lieu la journée mondiale de l'enfance, le 20 novembre 2006. Le 20 novembre 1989, l'Assemblée Générale de l'ONU adoptait la Convention Internationale des Droits de l'Enfant. Le droit à la vie, le droit à la paix, le droit à la protection, le droit à la nourriture, le droit aux soins, le droit à l'éducation leur étaient reconnus. Qu'en est-il aujourd'hui? Des avancées ont eu lieu, mais elles restent timides. Des milliers d'enfants subissent encore chaque jour la faim, le malheur, l'exploitation, l'ignorance, l'indifférence. Les droits des enfants sont encore bafoués dans le monde. États des lieux avec Jacques Hintzy, président de Unicef France.

Rappel: pour le travail de lecture, les mots en gras peuvent être "appuyés" et les mots soulignés constituent un champ lexical. Ici: les droits des enfants.

Transcription:
- **Bonjour et bienvenue** à tous dans la première partie du magazine Élan consacré au monde des enfants à l'occasion de la journée mondiale de l'enfance, célébrée chaque année le 20 novembre. Jacques Hintzy, président de l'Unicef France est notre invité. **Avec lui**, nous allons dresser le bilan de la situation des enfants dans le monde. Installez-vous, vous êtes sur RFI, la radio mondiale.
- Jacques Hintzy, bonjour !
- Bonjour.
- Vous êtes le président de l'Unicef et le 20 novembre de chaque année est célébrée **partout** la journée mondiale de l'enfant. Que représentent ces journées pour votre institution?
- Eh bien pour notre institution, **en France**, puisque je suis président de l'Unicef **pour la France**, c'est l'occasion de **reparler** de façon publique **de la situation** des enfants, **de leurs droits** et de tout ce que les communautés, les familles, les pouvoirs publics peuvent faire pour que les enfants soient mieux protégés et s'ils sont mieux protégés, ils se développeront **beaucoup plus** harmonieusement.
- Ce 20 novembre marque le jour de l'adoption par l'Assemblée des Nations Unies de la Déclaration des Droits de l'Enfant en 1959 et de la Convention relative aux droits de l'enfance signée en 1989. Depuis, Monsieur le Président, est-ce que vous avez le sentiment que les choses ont évolué?
- Oui, je pense que **maintenant** les droits des enfants sont inscrits à l'agenda des différentes institutions. On voit **aussi** qu'il y a eu des **progrès**, y a eu des **progrès** sur des services de base. Dans le monde aujourd'hui, **plus de 80%** des enfants sont scolarisés, **plus de 80%** des enfants ont le premier droit à la santé qui est d'être vacciné et on voit **aussi**, par exemple, au niveau du travail des enfants, dans les 3 dernières années, y a eu une légère décroissance, **puisqu'on a plus que** 246 millions d'enfants qui travaillent et qui travaillent dans des conditions qui sont **préjudiciables** à leur santé.
- Votre institution travaille au quotidien afin de garantir **santé, éducation, égalité et protection** pour chaque enfant de la terre, ce sont là les **seules** préoccupations et surtout les **seules** zones d'intervention de l'Unicef?
- L'Unicef a un budget qui est limité, **un peu moins d'un dollar** par enfant que nous devons assister dans le monde. **Donc**, quand on a des moyens limités, on essaie d'être **encore plus efficaces** et **donc de s'axer sur 5 priorités** et aujourd'hui, la survie de l'enfant, **évidemment**, avec les soins de santé, l'adduction aussi d'eau potable et de l'assainissement, **donc** la survie de l'enfant, l'éducation avec un **accent particulier** sur l'éducation des filles, **la lutte** contre toutes formes de violences qui peuvent être faites aux enfants, dans tous les domaines. La campagne internationale que nous avons lancé sur le VIH Sida et puis **cinquième priorité**, la promotion des droits de l'enfant. Nous sommes **très alarmés** par 3 phénomènes qui sont: la pauvreté qui touche les enfants, les conflits qui, à chaque fois font des enfants les premières victimes et puis la lutte contre le VIH SIDA. Et aujourd'hui notre priorité c'est **cette lutte**, pour que les enfants soient informés sur le SIDA, qu'y ait une **véritable** prévention qui soit développée pour que les enfants reçoivent, lorsqu'ils sont affectés, des anti-

rétroviraux pour **aussi** essayer de limiter la transmission du virus de la mère à l'enfant et puis pour protéger les 15 millions d'orphelins que le monde compte aujourd'hui dans le domaine du Sida.
- Mais le monde est vaste, comment menez-vous ce combat, Monsieur le Président?
- Nous sommes implantés dans **132 pays**, nous avons **8 000 experts** et nous faisons appel, **bien sûr**, aux contributions des gouvernements qui représentent deux tiers de nos ressources et aux contributions de la société civile qui représentent, à peu près le tiers de nos ressources, de façon à avoir les moyens d'intervenir, et **toutes** ces interventions se font avec la collaboration des gouvernements des différents pays concernés, **car**, si nous n'avons pas une collaboration avec un pays, nos actions ne serait pas très efficaces.
- "Rien n'est plus important que de bâtir un monde dans lequel **tous** nos enfants auront la possibilité de réaliser **pleinement** leur potentiel et de grandir en bonne santé dans la paix et la dignité", déclaration de Koffi Anan, Secrétaire Général des Nations Unies à l'occasion de cette journée mondiale de l'enfance. Monsieur Hintzy, ce monde de paix est presque un rêve pour de **nombreux** enfants à travers le monde, des enfants utilisés comme soldats, esclaves ou objets sexuels. Pour vous, cette situation doit être dramatique, **non**?
- C'est ce qu'y a de **pire**. Penser qu'un enfant est privé de son enfance, penser qu'un enfant est drogué, violenté pour devenir **un tueur**, penser que ces enfants sont amenés, dans certains cas, à **massacrer** leurs familles, ou leurs proches…C'est les mettre en dehors de la société, **c'est détruire** toute cette enfance qui est en eux, et ceci pendant leur période de formation. **Donc**, nous nous battons sur ce problème des enfants soldats avec **toute** la force que nous avons. Nous voulons d'abord que ceux qui utilisent les enfants soldats soient taxés comme **des criminels de guerre**. C'est **un crime contre l'humanité**, et puis, il faut aussi penser à **réintroduire** ensuite ces enfants dans une vie normale et nous avons de nombreux programmes de **réintégration**, de **re-scolarisation**, **d'apprentissage** et puis **surtout**, d'appui psychologique et d'aide aux communautés pour qu'ils puissent accepter le retour de ces enfants qui ont vécu **un enfer**.
- Est-ce pour cette raison, Monsieur le Président, que vous bâtissez autour de ces enfants un environnement protecteur?
- **Bien sûr**, les enfants soldats sont **difficiles** à réintégrer, quoiqu'on arrive à avoir de **très bons** résultats, **mais** l'essentiel serait de **prévenir** leur recrutement, et on peut **prévenir** leur recrutement si il y a des systèmes de scolarisation qui sont, heu, **suffisants,** si les communautés aussi disposent des moyens pour assurer le développement de ces enfants.
- Dans le domaine des enfants soldats, Monsieur le Président, quelle est la zone la plus touchée aujourd'hui, selon vous?
- Toutes les zones de conflits posent des problèmes. Aujourd'hui, c'est vrai que la Côte d'Ivoire comprend de **nombreux** enfants soldats, en République Démocratique du Congo, **tous** les enfants soldats n'ont pas été encore **complètement** réintégrés. Il existe **probablement**, sans qu'on puisse en donner le nombre exact, **beaucoup, beaucoup** d'enfants en Birmanie, au Miamar, voici quelques pays où nous avons **beaucoup de travail à faire.**
- Plus de 100 millions d'enfants dans le monde, dont 55% de filles ne sont pas scolarisées selon une enquête de l'Unicef. C'est un chiffre alarmant qui doit interpeller chacun de nous, **surtout** lorsqu'on sait que l'éducation constitue un droit fondamental, indispensable au développement de l'individu et de la société. Jacques Hintzy, vous qui prônez l'éducation **pour tous, sans distinction de sexe**, quel est votre sentiment face à cette situation?
- Nous pensons que ça ne sert à rien d'avoir un taux élevé de scolarisation dans un pays si des minorités ne sont pas, **elles aussi**, scolarisées. Quand nous parlons d'éducation pour tous, c'est que nous voulons qu'un enfant soit scolarisé **quel qu'en soit son coût** (on entend le t) Nous n'allons pas vouloir faire ce qui est le plus économique. Nous pensons que c'est un droit qui appartient à chaque enfant, **et ça appartient aux filles**, et on sait que les filles ont un handicap, y a un peu près 10 millions de filles qui ne sont pas scolarisées par rapport au nombre de garçons. **Donc**, il y a un **vrai** déficit. Alors les filles ne sont pas scolarisées parce: **elles aident** au foyer, dans certains cas, y a **une crainte** des parents de les voir se déplacer sur 3, 4, 6 kilomètres pour aller à l'école. Il y a des écoles qui ne disposent pas d'un système de latrines séparées pour garçons et filles et puis y a des foyers qui ont très peu de ressources et qui donnent la priorité aux garçons et **donc**, nous essayons de montrer à l'ensemble de ces personnes qu'une fille a le même droit qu'un garçon à être scolarisée. Une fille qui est scolarisée, c'est une façon de lutter contre le mariage précoce. Vous savez que le mariage précoce, c'est **souvent** le début d'un **véritable** cheminement **extrêmement douloureux** pour la jeune fille qui va avoir un enfant **trop tôt**, qui va avoir des atteintes et qui peut ensuite être complètement repoussée par son mari si elle a été blessée lors de l'accouchement.
- Parmi les domaines d'intervention, y a également la violence faite aux enfants, toute forme de violence…

- Oui, nous venons de voir, à travers le rapport présenté par le secrétaire Général des Nations Unies qu'il y a **53 000 meurtres d'enfants dans le monde**, chaque année, **qu'un grand nombre d'enfants** sont exposés à la prostitution, y a plus d'un million huit cent mille enfants qui **sont violentés** sur le plan sexuel. Vous avez des enfants qui sont condamnés à un travail forcé, plus de cinq millions d'enfants, et donc, **cette violence est inadmissible**. C'est la violence que les enfants reçoivent mais ça peut être la violence dont ils sont témoins, y a à peu près dans le monde aujourd'hui, **275 millions d'enfants**, soit **pratiquement** un quart des enfants qui sont exposés à des scènes de violence à l'intérieur de leur foyer. Et ça, **ça les blesse, ça les blesse** sur le plan psychologique et ça peut être aussi **malheureusement** une invitation à se comporter de la même façon lorsqu'ils seront adultes.
- Justement cette dernière violence, Jacques Hintzy, c'est celle qui est invisible, sauf si l'enfant parle..
- Oui, et heuh, c'est le rôle des éducateurs d'essayer de déterminer qu'un enfant qui se comporte d'une façon **beaucoup plus apathique** que d'habitude a **peut-être** quelque chose à dire, qu'il n'ose pas dire et **il faut l'aider** à l'exprimer de façon à essayer de **lui donner l'appui** qui est nécessaire.
- Placer le droit de l'enfant au centre de la politique des pays, tel est le souhait de l'Unicef, pourtant, Jacques Hintzy, selon un rapport publié par votre institution, environ **120 millions d'enfants vivent dans les rues de nos grandes villes**, dans l'indifférence **totale**, cette situation est-elle préoccupante pour vous ?
- **Absolument**, les enfants des rues font partie des enfants **les plus vulnérables**, et donc, heuh, nous avons des programmes pour essayer, **d'abord** de les trouver, de les repérer, **et ensuite** de voir avec eux comment on peut les ramener à une vie plus normale. Moi, j'étais très frappé, je reviens de mission au Cambodge et j'ai vu des enfants des rues qui se droguaient et qui étaient aidés par des anciens délinquants cambodgiens qui vivaient aux États-Unis, qui avaient été expulsés des États-Unis et qui, rentrant à Phnom Penh, ont mis au point un programme d'aide aux drogués des rues. **Donc**, vous voyez que, on peut les aider **si on sait** aller à leur devant. Et ces jeunes faisaient un travail **remarquable**.
- Vous avez **justement** parlé de ces jeunes qui sont venus des États-Unis, mais également, dans chaque pays, Monsieur le Président, il y a des associations qui travaillent au quotidien. Est-ce que ces associations sont **indispensables** dans le règlement de tous ces problèmes que vous venez d'évoquer?
- **Oui, je le crois**. Le mouvement associatif, dans les pays en voie de développement est souvent plus **vivace** que ce que nous pouvons connaître dans les pays développés et ces associations sont utiles dans **tous ces problèmes** de protection de l'enfance, **autant** en matière, si vous voulez de scolarisation ou de santé, on peut s'appuyer sur les systèmes gouvernementaux, **autant** lorsqu'il s'agit d'aller au devant de populations fragiles, lorsqu'il s'agit de passer des messages comme ceux de la prévention en matière de Sida, **ce sont les associations** qui sont souvent **les plus efficaces**.
- Est-ce que les gouvernements, d'après vous, Monsieur le Président, sont mobilisés également pour aider l'Unicef dans sa tâche quotidienne?
- **Écoutez**, je crois que les gouvernements font **déjà beaucoup** dans ce domaine, ils le font **d'abord** en tant que bailleurs de fonds, puisque les deux tiers des ressources de l'Unicef proviennent des gouvernements et proviennent des gouvernements sur une base volontaire. **Il n'y a pas** de cotisation à l'Unicef, c'est chaque gouvernement qui chaque année décide de sa contribution à l'Unicef, donc, y a un apport de fonds qui est fait par les gouvernements, et puis, dans les pays, l'Unicef travaille **toujours** en consensus avec le gouvernement national. Nous ne voulons **rien** imposer à un pays, c'est avec la mobilisation de son gouvernement que nous pouvons conduire nos programmes.
- Au regard de la situation globale des enfants à travers le monde aujourd'hui, est-ce que vous êtes optimiste?
- Je suis optimiste parce que je vois des progrès **très forts**, un seul exemple, l'éradication de la polio, on a aujourd'hui **moins de 2 000 cas** dans le monde poliomyélite. **Il n'y a plus que 4 pays** où le virus est **véritablement** actif. Donc ça, ce sont de vrais progrès. Je déplore nos 3 **grandes** menaces qui sont: **la pauvreté, les conflits et le Sida**. Les enfants, c'est **véritablement notre avenir**, et **donc**, nous devons consacrer à ces enfants **tout** le bien que nous pouvons faire, car c'est **eux** qui nous garantiront un monde qui sera **plus harmonieux et plus heureux**.
- Est-ce que les enfants doivent quelque chose aux parents aussi?
- **Oui**, un enfant peut pas se construire sans ses parents. **La force** du lien affectif, l'écoute des parents, c'est **véritablement la source** du développement de l'enfant, **donc**, bien sûr la famille est une notion **fondamentale**, mais il faut aussi penser à tous ces enfants qui n'ont pas de famille, qui sont en institution, **et ceux là aussi doivent être assistés**.
- Merci Monsieur le Président.
- Merci

www.francaisplus.com   ÉDITIONS FRANÇAIS PLUS

Plus d'écoute attentive

Le discours oral

Le discours oral, qui est un acte de langage plus spontané que l'écrit, présente lui aussi une cohérence au niveau du sujet, d'une problématique, d'un raisonnement, du développement d'arguments et de thèses. Les expressions de français parlé renvoient à des registres de langues qui nous renseignent sur le locuteur. La présence d'hésitations, d'adresses à l'interlocuteur donnent des informations sur la situation d'énonciation; comme lorsque le discours est improvisé, la personne est peu habituée à parler en public…
L'énonciation est l'acte d'élaboration du discours.
L'énoncé est le produit du discours.

Ce n'est pas seulement ce qui est dit qui est important mais aussi ce qu'on laisse entendre, le "non-dit", l'implicite. Il faut aussi prendre en compte l'effet du discours porté sur autrui.
Pour une meilleure compréhension orale, interrogez-vous sur les composantes de la situation de communication :
1. Identifier les locuteurs, leur statut
2. Déterminer ce qui a motivé leur rencontre
3. Identifier la nature du document, émission de radio, conversation, exposé…
4. Identifier le thème principal
5. Trouver les intentions de communication des locuteurs: informer, s'informer, remercier, mettre ne garde…
6.

Plus d'intonation

Les enchaînements et les liaisons

L'enchaînement est la tendance à passer de la fin d'un mot au début de l'autre sans interruption de la voix comme dans: *Il arrive, le tour est joué.* Ainsi lorsqu'un mot se termine par une consonne prononcée et que le mot suivant commence par une voyelle, la consonne finale du premier mot devient initiale du mot suivant. On dit qu'elle s'enchaîne à la voyelle du mot suivant pour former une syllabe.

En français, l'enchaînement consonantique est toujours prononcé.
De plus, la consonne garde toutes ses caractéristiques comme dans:
*une gran**de_a**mie, un fi**ls_in**grat.*
Seule la consonne [f] change de nature et se prononce [v] dans 2 cas: *neuf heures* et *neuf ans*.
La liaison est la tendance à prononcer certaines consonnes finales avec la voyelle initiale du mot qui suit comme dans: *il**s** a**rrivent.*
La liaison dépend souvent de la cohésion lexicale ou syntaxique, c'est pourquoi elle n'est pas toujours prononcée comme dans: *le temps est beau, deux au trois.*

Une liaison sera **obligatoirement prononcée:**
- entre un déterminant et le mot qu'il détermine :
  *le**s_a**mis, quel**s_a**mis, ce**s_a**mis, le**s_u**ns et le**s_a**utres, de bon**s_a**mis*
- entre un verbe et ses pronoms sujet et objet:
  *il**s_o**nt, les ont-ils, nou**s_e**n**_a**vons*
- avec les adverbes, prépositions et conjonctions monosyllabiques :
  *e**n_a**vion, trè**s_i**ntéressant, quan**d_e**lle parle*
- avec le verbe auxiliaire être:
  *il es**t_i**ci, ils son**t_a**rrivés*
- entre les mots constituant certaines expressions figées:
  *tou**t_à** l'heure, tou**t_à** coup, de temp**s_e**n temps, un sou**s**-entendu*

La liaison ne **se prononce pas entre**:
- un groupe nominal et un groupe verbal :
  les enfants # écoutent
- un nom et un adjectif postposé:
  un étudiant # américain
- après les noms propres:
  Jean # est parti
- avec les conjonctions "et" et "ou" :
  du pain # et # un bon fromage, du pain # ou un croissant
- après les adverbes interrogatifs:
  Quand # est-il arrivé?, Combien # en as-tu?
- après les pronoms personnels sujets dans une inversion :
  Vont-ils # arriver?
- avec les mots commençant par un "h" aspiré:
  un # héros, en # haut
- dans certains groupes figés:
  nez # à nez, riz # au lait, mort # ou vif

La liaison est facultative selon le niveau de langue, la situation de communication ou l'interlocuteur. Plus on se trouve dans une situation familière, informelle, moins on prononce les liaisons facultatives comme dans: *vous avez obtenu, je vais écouter, pas avant*

Exercice 1

Faites une lecture des deux textes **A** et **B** et notez les liaisons. Lequel de ces deux textes correspond au document enregistré que vous avez-vous entendu ?
C'est le texte B qui a été entendu. On marque la liaison entre les lettres mises en bleu.
Attention, il vaut mieux faire moins de liaisons que trop !

A. La majorité des enfants soldats du monde appartiennent à des groupes politiques armés qui comprennent des forces paramilitaires soutenues par le gouvernement, des milices et des unités de défense agissant avec le soutien du gouvernement dans de nombreuses zones de conflit. D'autres sont des groupes armés opposés au gouvernement central, des groupes composés de minorités ethniques, religieuses et autres. Le recours des forces armées gouvernementales aux enfants dans les conflits a diminué depuis 2001, mais il se poursuit dans certains pays. Ces forces continuent également à utiliser officieusement des enfants comme espions et messagers, les exposant à des blessures et à la mort. Un grand nombre d'enfants soldats sont âgés de quatorze à dix-huit ans et se sont engagés volontairement. Ces adolescents ont peu de choix en dehors de leur participation à des hostilités. La guerre elle-même, le manque d'éducation ou de travail et un désir d'échapper à la servitude domestique, à la violence ou à l'exploitation sexuelle figurent parmi les facteurs en jeu. Le Conseil de sécurité de l'ONU a lancé maints appels à l'action en faveur de l'abolition de l'utilisation des enfants soldats. En dépit de la condamnation quasi universelle de l'utilisation des enfants soldats et de l'existence d'un cadre juridique et politique solide, le manque de volonté politique fait obstacle à l'obtention d'améliorations concrètes et à une protection effective des enfants sur le terrain.

B. Penser qu'un enfant est privé de son enfance, penser qu'un enfant est drogué, violenté pour devenir un tueur, penser que ces enfants sont amenés, dans certains cas, à massacrer leurs familles, leurs proches…C'est les mettre en dehors de la société, c'est détruire toute cette enfance qui est en eux et ceci pendant leur période de formation. Donc, nous nous battons sur ce problème des enfants soldats avec toute la force que nous avons. Nous voulons d'abord que ceux qui utilisent les enfants soldats soient taxés comme des criminels de guerre. C'est un crime contre l'humanité, et puis, il faut aussi penser à réintroduire ensuite ces enfants dans une vie normale et nous avons de nombreux programmes de réintégration, de re-scolarisation, d'apprentissage, et puis surtout, d'appui psychologique et d'aide aux communautés pour qu'ils puissent accepter le retour de ces enfants qui ont vécu un enfer.

Plus de sons

Les sons [y] et [u]

Exercice 1

Les sons **[y]** comme : rue et **[u]** comme : route

1. Faites une lecture de ces 3 petits textes en distinguant bien les sons :

A. Le 20 novembre 1989, les Nations Unies ont adopté **La Convention internationale des droits de l'enfant** qui reconnaît à l'enfant le droit à l'éducation et le droit d'être protégé contre l'exploitation économique. Il en résulta pour les 192 États l'obligation de fixer un âge minimum pour l'emploi, une réglementation de la d**u**rée du travail et des conditions d'emploi.

B. Les images tragiques d'enfants travaillant dans des **u**sines, contraints à la prostit**u**tion **ou** embrigadés d'office dans **u**ne armée, sont connues. La pl**u**part des enfants s'affairent aux côtés de leurs parents, leur donnant un c**ou**p de main à la ferme **ou** dans l'entreprise familiale. C'est l'agric**u**lture qui est la pl**u**s grosse consommatrice d'emplois, comme c'est le cas la plupart du temps dans les pays les pl**u**s dém**u**nis.

C. Quand n**ou**s parlons d'éd**u**cation pour t**ou**s, c'est que n**ou**s v**ou**lons qu'un enfant soit scolarisé quel qu'en soit le c**oû**t. Nous n'allons pas v**ou**loir faire ce qui est le pl**u**s économique.

> Pour bien distinguer [i] de [y], il faut chercher la différence par :
> - une intonation descendante (si on prononce [i] au lieu de [y]) et intonation montante (si on prononce [u] au lieu de [y])
> - des consonnes graves: [b], [r], [m], [v], [p], [w] (si on prononce [i] au lieu de [y]) et des consonnes aiguës: [s], [z], [t], [d] (si on prononce [u] au lieu de [y])
> - le chuchotement

Exercice 2

1. Soulignez les mots qui comportent le son [y] dans la liste suivante:
   pour   si   <u>voiture</u>   ville   <u>sur</u>   tout   lit
   <u>plume</u>   <u>rue</u>   <u>plus</u>   nous   dit   <u>bu</u>   <u>vu</u>

2. Soulignez le mot comportant le son [y] dans les paires suivantes:
   si - <u>su</u>   <u>du</u> - dit   sous - <u>su</u>   tout – <u>tu</u>   <u>vue</u> - vie
   <u>lu</u> - lit   <u>nu</u> - nous   riz - <u>rue</u>   fit - <u>fut</u>   cri - <u>cru</u>

3. Soulignez le son [y] dans la première ou la deuxième syllabe des mots suivants:
   min<u>u</u>te   s<u>u</u>rtout   fourr<u>u</u>re   m<u>u</u>sique   j<u>u</u>stice
   h<u>u</u>mide   voul<u>u</u>   ill<u>u</u>sion   pourv<u>u</u>   diff<u>u</u>se

4. Amusez-vous à répéter :

   La roue sur la rue roule, la rue sous la roue reste.

5. Répétez cette chansonnette enfantine :
   Loup y es-t<u>u</u>? Que fais-t<u>u</u>? M' entends-t<u>u</u>?

Épreuves d'examen

1. Première partie : Présentation du document sonore

FICHE

La situation de communication :
La transmission : une émission radio lors de la journée mondiale de l'enfance, le 20 novembre
Le caractère du document : l'émission est rendue publique, le vouvoiement est de rigueur, étant donné le titre de l'invité Jacques Hintzy, président de l'Unicef France
Les locuteurs : il s'agit de deux hommes
L'intention des locuteurs : pour Jacques Hintzy, président de l'Unicef France, il s'agit de présenter les actions de l'Unicef, d'informer des progrès faits en matière de protection des droits de l'enfant, d'avertir sur les inégalités existantes dans le domaine de la scolarité, de dénoncer l'exploitation "guerrière" des enfants, d'alarmer sur le fait que les enfants sont les premières victimes de la pauvreté, des conflits et du Sida.

L'objet d'étude : LE MONDE DES ENFANTS
Le thème : les droits des enfants
Le concept :
   définition : les droits des enfants sont bafoués
   mots-clés : la journée mondiale de l'enfance, le 20 novembre, la Convention Internationale des Droits de l'Enfant, le droit à la vie, le droit à la paix, le droit à la protection, le droit à la nourriture, le droit aux soins, le droit à l'éducation, les violences, la drogue, les enfants soldats, les esclaves, les objets sexuels, la survie, la faim, la pauvreté, l'exploitation, l'ignorance, l'indifférence, la lutte, la promotion des droits, scolariser, assister, aider, protéger.

La problématique :
Des progrès sont faits en matière de protection de l'enfance, mais il reste encore beaucoup de problèmes dans le monde.

La délimitation du sujet dans le temps :
Historiquement :
- la journée mondiale de l'enfance célébrée chaque année le 20 novembre 2006, le jour de l'adoption par l'Assemblée des Nations Unies de la Déclaration des Droits de l'Enfant en 1959 et de la Convention relative aux droits de l'enfance signée en 1989.
- décroissance ces 3 dernières années du travail des enfants
Aujourd'hui :
- l'Unicef a un budget limité, un peu moins d'un dollar pour aider un enfant
- 15 millions d'orphelins aujourd'hui dans le domaine du Sida.
- l'Unicef est "implantée" dans 132 pays, avec 8 000 experts
- il y a plus de 100 millions d'enfants dans le monde, dont 55% de filles qui ne sont pas scolarisées
- il y a 53 000 meurtres d'enfants dans le monde et plus d'1,8 million d'enfants qui sont violentés
- 120 millions d'enfants vivent dans les rues de nos grandes villes

La délimitation du sujet dans l'espace géographique :
- le monde, les pays en voie de développement, la République Démocratique du Congo, la Birmanie, le Cambodge

Les idées :
- il y a des progrès en matière des droits des enfants même s'il reste beaucoup à faire
- puisque le budget d'aide est limité, il est utilisé au mieux
- l'Unicef a 5 priorités: la survie de l'enfant, les soins de santé, l'éducation, la lutte contre les violences
- il vaut mieux prévenir les problèmes et intensifier la scolarisation des filles
- il faut condamner ceux qui nuisent aux enfants
- il faut aider les enfants victimes de sévices et les réintégrer dans la société
- il faut mobiliser les gouvernements et les associations dans cette lutte

Un exemple pour illustrer une idée :

- que ceux qui utilisent les enfants soldats soient taxés comme des criminels de guerre car c'est un crime contre l'humanité, et penser à réintroduire ensuite ces enfants dans une vie normale par des programmes de réintégration, de re-scolarisation.

La conclusion :
La condition des enfants dans le monde est en voie d'amélioration, il y a des progrès qui sont faits dans le domaine de l'éducation, des soins comme les vaccinations, il reste encore des problèmes graves comme les enfants des rues. L'Unicef a pour but de sensibiliser tout le monde aux problèmes de l'enfance.

2. Deuxième partie : Présentation d'un point de vue argumenté
Vous présenterez votre point de vue sur le thème suivant, en une dizaine de minutes :

"Pourquoi le travail des enfants existe-t-il encore et comment y mettre fin?"

Vous organiserez votre discours de manière élaborée et fluide avec une structure logique et efficace qui aidera le destinataire à remarquer les points importants.

Idées:
- la gamme des activités exercées est étendue, tâches domestiques, quête d'eau, de bois, travaux ménagers pour les filles, le travail aux champs, dans les ateliers et les usines, 10% à 20% d'enfants sont utilisés dans l'industrie
- les enfants travailleurs sont 250 millions, petits domestiques, petits artisans, petits paysans, petits métiers de la rue, petits ouvriers sans vrai salaire (au mieux, une rétribution est versée à leurs parents), sans contrat, sans droit, entièrement au service de leur employeur
- exploitation engendrée par la pauvreté des pays dits en voie de développement, pauvreté des populations, pauvreté des systèmes d'éducation…
- exemple: l'utilisation massive de main-d'oeuvre enfantine pour la confection des ballons de football vendus par les plus grandes marques d'articles de sport
- il faut se mobiliser contre l'exploitation économique de l'enfance car c'est l'une des atteintes à l'humanité les plus intolérables
- les associations, syndicats, gouvernements s'occupent du problème, multiplient les initiatives.
- il faut que les citoyens exigent un code de bonne conduite de produits importés qui certifient que les enfants n'ont pas été employés à leur fabrication: "l'éthique sur l'étiquette".
- la Convention des droits de l'enfant vise à "éliminer les formes les plus préjudiciables" du travail des enfants, esclavage, servitude pour dettes, prostitution, travaux dangereux.
- Iqbal Masih, un enfant pakistanais, assassiné à l'âge de douze ans, alors qu'il luttait au sein d'un Front de libération du travail des enfants, après avoir été lui-même exploité dans le tissage de tapis.

3. Troisième partie :
Dans cette partie, vous débattrez avec le jury. Vous serez amené(e) à défendre, nuancer, préciser votre point de vue et à réagir aux propos de votre interlocuteur.

Conseils sur le débat

- Rappelez-vous que 25 % de la réussite ou de la faillite d'un débat dépend de la chance, bonne ou mauvaise.
- Gardez le sens de l'humour.
- Organisez vos idées, soyez personnel, éviter les malentendus
- Présentez-vous, soyez courtois en tout temps, attaquez les arguments, non les orateurs.
- Soyez ferme dans vos arguments mais soyez flexible aux critiques.
- Ne craignez pas de défendre votre point de vue avec force et vigueur, gardez votre sang-froid.
- Poursuivez votre discours sans vous laisser déstabiliser par les propos de votre interlocuteur.
- Écoutez attentivement pour réagir rapidement aux sollicitations de votre interlocuteur.

UNITÉ 3

LA LIBERTÉ

Compréhension et production orales

Journalisme et démocratie

Enregistrement de l'émission de Canal Académie: 27.11.2006
Présentation : Communication de Philippe Meyer, (producteur, journaliste), prononcée en séance, devant l'Académie des Sciences morales et politiques.

Introduction:
Philippe Meyer s'interroge sur l'état de la presse en France aujourd'hui comme sur ses missions fondamentales, son rapport aux pouvoirs et en particulier au pouvoir politique.

Rappel: pour le travail de lecture, les mots en gras peuvent être "appuyés" et les mots soulignés constituent un champ lexical. Ici: le journalisme.

Transcription:
La journaliste: Lors de la séance du 27 novembre 2006, de l'Académie des Sciences morales et politiques, le journaliste, sociologue et producteur Philippe Meyer faisait une communication consacrée au thème: journalisme et démocratie, retrouvons-le en séance.
Philippe Meyer: Je suis **très** sensible à l'honneur que vous me faites en me demandant d'intervenir devant vous et que je n'ai eu l'audace d'accepter que parce que j'ai déjà eu l'occasion d'éprouver de **nombreuses fois** la bienveillance **d'un grand nombre** d'entre vos membres à mon égard.
Que l'existence d'une presse libre soit une condition, voire un élément constitutif de la démocratie, voilà un axiome qui se prouve par la négative, je veux dire par la sévérité du contrôle des moyens d'information privés dans les régimes autoritaires et par l'absence de ces mêmes moyens d'information indépendants dans les dictatures. Dans ces pays, il faut chercher **ailleurs** que dans les médias l'expression de l'opinion à l'égard du pouvoir. Le vaudevilliste et librettiste d'opéra Eugène Scribe, dans son discours de réception à l'Académie française, déclarait: "*Je définirai l'Ancien Régime comme un gouvernement absolu tempéré par la chanson*". Comme on peut s'en convaincre en consultant le richissime fonds Coirault à la Bibliothèque Nationale, ce n'est pas *La Gazette* ou *Le Moniteur Français* qui prennent leur distance vis-à-vis du pouvoir, ce sont les bateleurs du Pont Neuf. Ils font circuler à leurs risques et périls des vérités **non admises** par la Cour, ni par les ministères, ce qui n'en fait **d'ailleurs pas** des vérités vraies pour autant, puisque nombre des chansons brocardant les puissants ou dénonçant des scandales sont des œuvres de commande et que **bien** des plumes de chansonniers sont des plumes mercenaires qui défendent sans grands scrupules des intérêts particuliers. En ira-t-il différemment plus tard de la presse?
Dans la défunte Union Soviétique, **ce n'est que par** les blagues et les histoires drôles que l'on pouvait se faire une idée **pas trop inexacte** du degré d'adhésion de la population au régime. Le peuple en raffolait et les faisait circuler de bouche à oreille **sans crainte** des trois années de prison que promettait le code pénal soviétique à tout colporteur de plaisanterie antisociale. Á propos des deux quotidiens impavidement officiels, **la Pravda**, autrement dit la Vérité, et **les Izvestia**, autrement dit Les Informations, une blague fort répandue disait: on ne trouve pas de vérité dans "Les Informations" et pas d'informations dans "La Vérité".
Plus sérieusement, on ajoutera que les journalistes comptent souvent parmi les premières victimes des dictatures et que le contrôle des médias est **toujours** l'un des premiers objectifs des régimes autoritaires et des gouvernements liberticides. **Aujourd'hui**, à notre connaissance, 129 journalistes sont emprisonnés de par le monde pour avoir exercé leur métier, 32 d'entre eux ont été arrêtés en Chine, 23 à Cuba, 7 en Birmanie, 4 en Turquie. Et si les Organisation **Non Gouvernementales** vouées à la surveillance de la liberté de la presse ne recensent aucun journaliste emprisonné en Russie, trois ont été assassinés cette année: Ilia Zimine en février, Evguéni Guerrassimenko en juillet, Anna Politkovskaïa en octobre. **Leur assassinat** porte à quinze le nombre de confrères éliminés dans ce pays depuis 2002 par le moyen du **meurtre**, sans que les exécuteurs de ces basses œuvres aient

pu être retrouvés et jugés, ni leurs commanditaires identifiés et punis.

Aucune utilisation paresseuse ou malhonnête de la puissance des médias, **aucune** instrumentalisation, **aucun** abus ne peut justifier de s'écrier avec Balzac dans sa *Monographie de la Presse parisienne*, "*Si la presse n'existait pas, il faudrait ne pas l'inventer*". Je m'arrêterai **pourtant** sur le caractère actuel du développement que Balzac donne à cette exclamation, **à cette malédiction** lorsqu'il la place dans la bouche d'un de ses personnages des *Illusions perdues* et qu'il la répète la même année: "*Le journal au lieu d'être un sacerdoce est devenu un moyen pour les partis; de moyen, il s'est fait commerce; et comme tous les commerces, il est sans foi ni loi. **Tout** journal est une boutique où l'on vend au public des paroles de la couleur dont il les veut. S'il existait un journal des **bossus**, il prouverait soir et matin la beauté, la bonté, la nécessité des bossus. Un journal n'est plus fait pour éclairer, mais pour flatter les opinions. **Ainsi**, tous les journaux seront dans un temps donné, lâches, hypocrites, infâmes, menteurs, assassins; ils tueront les idées, les systèmes, les hommes et fleuriront par cela même. Ils auront le bénéfice de tous les êtres de raison: le mal sera fait sans que personne n'en soit coupable. Je serai moi Vignon, vous serez toi Lousteau, toi Blondet, toi Finot, des Aristide, des Platon, des Caton, des hommes de Plutarque; nous serons **tous** innocents, nous pourrons nous laver les mains de **toute** infamie. Napoléon a donné la raison de ce phénomène **moral ou immoral**, comme il vous plaira, dans un mot sublime que lui ont dicté ses études sur la Convention: Les crimes collectifs n'engagent **personne**. Le journal peut se permettre la conduite la plus atroce, **personne** ne s'en croit sali **personnellement**.* » (Balzac, *Les Illusions perdues*, 1843)

Cédant au plaisir des évocations littéraires, je voudrais faire répondre à Balzac par Chateaubriand. C'est sur l'inéluctabilité du rôle des journaux dans la vie politique qu'il fonda la campagne de défense de la liberté de la presse qu'il mena avec l'Académie française et la Chambre des Pairs en 1827. **Comme** l'ont souligné plusieurs membres de votre Académie dans un recueil d'études intitulé "*Chateaubriand visionnaire*", le regard de l'auteur de l'*Essai sur les révolutions* tient à la fois du constat et du présage. Rapportant ses souvenirs de la journée de juillet 1830 où furent publiées les quatre ordonnances de Charles X, Chateaubriand écrit et, là encore, nous ne pouvons qu'être frappés par la validité que conserve aujourd'hui sa démonstration: "*J'emportai le Moniteur. **Aussitôt** qu'il fit jour, le 28, je lus, relus et commentai les ordonnances. Le rapport au Roi servant de prolégomènes me frappait de deux manières: les observations sur les inconvénients de la presse étaient **justes**; mais en même temps l'auteur de ces observations montrait une ignorance **complète** de l'état de la société actuelle. **Sans doute** les ministres, depuis 1814, à quelque opinion qu'ils aient appartenu, ont été **harcelés** par les journaux; **sans doute** la presse tend à subjuguer la souveraineté, à forcer la royauté et les Chambres à lui obéir; **sans doute** dans les derniers jours de la Restauration, la presse, n'écoutant que sa passion, a, sans égard aux intérêts et à l'honneur de la France, **attaqué** l'expédition d'Alger, **développé** les causes, les moyens, les préparatifs, les chances d'un **non succès**; elle a **divulgué** les secrets de l'armement, **instruit** l'ennemi de l'état de nos forces, **compté** nos troupes et nos vaisseaux, **indiqué** jusqu'au point de débarquement. Le cardinal de Richelieu et Bonaparte auraient-ils mis l'Europe aux pieds de la France, si l'on eût révélé ainsi d'avance le mystère de leurs négociations, ou marqué les étapes de leurs armées? Tout cela est **vrai et odieux**; mais le remède?..La presse est un élément **jadis** ignoré, une force autrefois inconnue, introduite maintenant dans le monde; c'est la parole à l'état de foudre; c'est l'électricité sociale. Pouvez-vous faire qu'elle n'existe pas? **Plus** vous prétendrez la comprimer, **plus** l'explosion sera violente. Il faut **donc** vous résoudre à vivre avec elle, comme vous vivez avec la machine à vapeur. Il faut apprendre à vous en servir, en la dépouillant de son danger, **soit** qu'elle s'affaiblisse peu à peu par un usage commun et domestique, **soit** que vous assimiliez graduellement vos mœurs et vos lois aux principes qui régiront désormais l'humanité. Une preuve de l'impuissance de la presse dans certains cas se tire du reproche même que vous lui faites à l'égard de l'expédition d'Alger; **vous l'avez pris**, Alger, **malgré** la liberté de la presse, de même que j'ai fait faire la guerre d'Espagne en 1823 sous le feu **le plus ardent** de cette liberté.*" (Chateaubriand, *Mémoires d'Outre-tombe* (1848 à 1850)

Á ce réalisme que l'on peut trouver désabusé, Chateaubriand ajoute un argument décisif et qui tient lieu d'éloge comme de lettre de mission: "*La liberté de la presse a été **presque l'unique affaire** de ma vie politique; j'y ai sacrifié tout ce que je pouvais y sacrifier: **temps, travail ou repos**. J'ai **toujours** considéré cette liberté comme une constitution **entière**; les infractions à la Charte m'ont paru peu de chose tant que nous conservions la faculté d'écrire. Si la Charte était perdue, la liberté de la presse la retrouverait et nous la rendrait; si la censure existait, c'est en vain qu'il y aurait une Charte.*"

Balzac, **donc**, ne croit pas que le journal puisse redevenir un sacerdoce, s'il l'a jamais été ailleurs que dans le monde des souhaits. Chateaubriand considère que, toutes choses égales, la presse peut éclairer l'opinion ou plutôt que, **sans la presse**, l'opinion **ne peut être éclairée**. **Mais** il sait que cet éclairage n'est ni la plus constante ni la plus spontanée des fonctions que remplissent les journaux et, si l'on en croit les études réalisées dans notre pays **tant par** des instituts de sondage **que par** des chercheurs plus intéressés par le long terme, l'opinion est aujourd'hui portée par l'expérience à relativiser le rôle que jouent les medias dans le fonctionnement démocratique de notre société et à les considérer comme une puissance qui sert d'abord ses propres intérêts, ensuite ceux d'un parti ou d'un clan, enfin, et si secondairement que cela semble être par accident, ceux de la société en lui assurant une certaine connaissance d'elle-même, en lui conférant une certaine visibilité d'elle-même et en assurant une certaine fluidité à sa régulation.

Le journalisme ne saurait jouer un rôle véritable et significatif d'information, de vérification et de modérateur du débat public que s'il n'entretient pas de rapport de sujétion avec ceux dont il décrit, analyse ou commente les activités. Or, pour ce qui est des rapports de notre presse avec les pouvoirs, et d'abord avec le pouvoir politique, notre histoire est marquée par une vieille tradition de complaisance, quand ce n'est pas par de très anciennes habitudes d'inceste. L'ancêtre de nos journaux, la célèbre Gazette de Théophraste Renaudot, voulue par Richelieu et souvent rédigée par ses soins, est un journal officieux, que l'un des biographes de Renaudot, Gérard Jubert, qualifie "d'outil de propagande cherchant à rectifier les rumeurs et à faire sonner haut et fort les actions du roi et celle de son ministre." On sourira d'ailleurs du demi aveu du fondateur officiel de La Gazette lorsqu'il se donne pour devise: "En une seule chose ne le céderai-je à personne: la recherche de la vérité, de laquelle néanmoins je ne me fais pas garant." Richelieu est moins ambigu qui déclare: "La Gazette fera son devoir ou Renaudot sera privé des pensions dont il a joui jusqu'à présent". À la fin de sa vie, Renaudot reconnaîtra cet état de subordination de son journal: "ma plume n'a été que greffière".

Deux siècles plus tard, le futur inventeur de l'agence de presse, Charles Havas, ne relève guère d'une autre analyse lorsqu'il propose au gouvernement de Charles X, en 1825, de confier à son tout nouveau "bureau de nouvelles" les informations dont le ministère craint qu'elles ne soient pas crues s'il les donne lui-même et celles dont il veut tester les effets sans avoir à en endosser la paternité et en pouvant les démentir. En échange de cette livrée discrète mais pesante, Havas obtient le monopole de l'information financière, ce qui n'est pas, à l'époque, une petite rétribution. Notre tradition de presse, notre culture d'entreprise, dirait-on plus volontiers aujourd'hui, est marquée par cette constance de la sujétion, souvent de la servitude, parfois de la servilité, qui ne peut être oubliée au motif que, tout au long de l'Histoire, des imprimeurs, des publicistes, des journalistes ou des industriels de presse se sont voués à prendre leurs distances avec elles et qu'il a toujours existé ce que l'on a appelé un "journalisme d'opinion" souvent malmené, souvent courageux.

Notre tradition de presse est également marquée par le rôle de la puissance publique, et ce n'est pas attenter à l'honorabilité ni oublier la rare personnalité et la compétence d'Hubert Beuve-Méry que de nous étonner, à l'exemple des commentateurs étrangers, que nous ne nous étonnions pas qu'il ait reçu les rênes et les biens de l'ancien quotidien, Le Temps, des mains du chef du Gouvernement Provisoire, celui-ci fut-il le général De Gaulle. Enfin, pour prendre un dernier exemple de ces réflexes de connivence avec la puissance publique qui semblent inscrits dans le patrimoine génétique de la presse française, je soulignerai que le zèle, pas toujours sollicité, avec lequel elle a, durant la première guerre mondiale, relayé les bobards officiels, allant jusqu'à publier que "les balles allemandes ne tuaient pas", ce zèle, que l'arrière a vite perçu comme tel, et de plus en plus, au fur et à mesure que les permissionnaires lui décrivaient la réalité, ce zèle a été fatal à la prospérité des journaux. Jamais, après 1918, la presse quotidienne française d'intérêt général ne retrouvera le niveau des tirages qui étaient les siens au début du siècle. Il est sans doute utile de rappeler, tant est répandue l'idée que nos concitoyens seraient, pour Dieu sait quelle mystérieuse raison, rétifs, voire allergiques à la lecture des journaux qu'à la veille de la "Grande guerre", la France était le pays d'Europe où circulait le plus grand nombre et le plus fort tirage de quotidiens nationaux. Des 80 titres de 1914, il n'en restera plus que 31 vingt-cinq ans plus tard, 28 en 1947, après l'effervescence de la Libération et ses publications éphémères, 14 en 1952, 7 aujourd'hui si l'on considère que France Soir est encore vivant.

Plus d'écoute attentive

Les différents aspects de l'énonciation
Le niveau de langue révèle le type de relation qui s'instaure entre le locuteur et l'auditeur.
Le locuteur est la personne qui parle, qui fait un acte actif de langage.
L'auditeur est la personne qui écoute, qui fait un acte passif de langage.

Les différents niveaux de langue :
- le niveau argotique : se caractérise par l'utilisation de mots et de structures en usage seulement dans un groupe social déterminé.
- le niveau populaire se reconnaît aux tournures utilisées par les personnes peu cultivées
- le niveau familier est celui de la conversation avec ses proches
- le niveau courant est celui de la conversation avec des personnes que l'on ne connaît pas
- le niveau soutenu apparaît dans la conversation avec des supérieurs ou des gens envers qui on veut montrer une déférence.
- le niveau littéraire correspond à des tournures particulières à la langue écrite.

Plus d'intonation

Les unités de sens

En français, l'accent est porté par le mot en fin de groupe de sens, on parle d'accent de groupe syntaxique comme dans:
- *Le petit supplément du journal cessera d'être en vente au début de l'année.*
qu'il faut lire ainsi:
- *Le petit supplément du jour**nal** / cessera d'être en ven**te** / au début de l'an**née**.*
Les unités de sens sont des groupes syntaxiques comme le groupe nominal (*Le petit supplément du journal*), le groupe verbal (*cessera d'être en vente*), le groupe prépositionnel (*au début de l'année*). Les mots outils (articles, prépositions, conjonction…) à l'intérieur d'un groupe syntaxique sont désaccentués.

Exercice 1

1. Replacez la ponctuation dans cet extrait du document enregistré pour pouvoir le lire en respectant les unités de sens:
Que l'existence d'une presse libre soit une condition, voire un élément constitutif de la démocratie, voilà un axiome qui se prouve par la négative, je veux dire par la sévérité du contrôle des moyens d'information, privés, dans les régimes autoritaires et par l'absence de ces mêmes moyens d'information indépendants, dans les dictatures.

Exercice 2

1. Marquez dans l'extrait de l'enregistrement entendu, ci-dessous, les unités de sens par un trait oblique, comme dans la phrase d'exemple:
Plus sérieusement/ on ajoutera que / les journalistes comptent souvent / parmi les premières victimes / des dictatures / et que le contrôle des médias / est toujours l'un des premiers objectifs / des régimes autoritaires / et des gouvernements liberticides.

Jamais / après 1918 / la presse quotidienne française / d'intérêt général / ne retrouvera le niveau des tirages / qui étaient les siens au début du siècle / Il est sans doute utile de rappeler / tant est répandue l'idée que nos concitoyens seraient / pour Dieu sait quelle mystérieuse raison / rétifs/ voire allergiques / à la lecture des journaux / qu'à la veille de la "Grande guerre" / la France était le pays d'Europe / où circulait le plus grand nombre / et le plus fort tirage de quotidiens nationaux/.

Plus de sons

Les sons [s] et [z]

Pour bien distinguer **[s]** et **[z]**, il faut chercher la différence par :
- une intonation descendante
- position intervocalique ou finale
- l'entourage des voyelles [i] ou [a]

Exercice 1

Les sons [s] comme : coussin et [z] comme : cousin

1. Faites une lecture en soulignant les sons [s] et [z] (parfois dans les liaisons) de cet extrait du document enregistré :

S'il existait un journal des bossus, il prouverait soir et matin la beauté, la bonté, la nécessité des bossus. Un journal n'est plus fait pour éclairer, mais pour flatter les opinions. Ainsi, tous les journaux seront dans un temps donné, lâches, hypocrites, infâmes, menteurs, assassins; ils tueront les idées, les systèmes, les hommes et fleuriront par cela même. Ils auront le bénéfice de tous les êtres de raison: le mal sera fait sans que personne n'en soit coupable.

Exercice 2

1. Entourez le son [z] s'il se trouve dans les mots suivants:
   force   russe   onze   cousin   dessert   messe

2. Entoure le son [z] s'il se trouve dans le premier ou le deuxième mot des paires suivantes:
   douze - douce   ils ont - ils sont   basse - base   ruse - russe
   poison - poisson   désert - dessert   coussin - cousin   race - rase

3. Notez combien de fois vous avez entendu le son [z] dans les phrases suivantes:
   Les signes du zodiaque sont douze : 2
   Ils ont visité le musée de Marseille : 3
   Les voisins s'amusent dans le zoo du cirque : 3

4. Entraînez-vous sur des phrases difficiles à prononcer comme celle-ci:
   Les chaussettes de l'archiduchesse sont-elles sèches? Archi-sèches!

   Un chasseur sachant chasser doit savoir chasser sans son chien.
   (d'où le slogan d'un magasin de chaussures : André, un chausseur sachant chausser !)

   Cinq chiens chassent six chats.

5. Amusez-vous à répéter :

   Il était une fois, une marchande de foie qui vendait du foie dans la ville de Foix. Elle m'a dit "ma foi, c'est la dernière fois que je vends du foie dans la ville de Foix".

Épreuves d'examen

1. Première partie : Présentation du document sonore

FICHE

La situation de communication :
La transmission : lors d'une séance de l'Académie des Sciences morales et politiques, un journaliste fait une communication, il prononce un discours
Le caractère du document : cette communication se déroule lors d'une séance publique
Les locuteurs : prise de parole par l'intervenant uniquement, registre de langue soutenu
L'intention des locuteurs : il s'agit, pour le seul locuteur, de démontrer l'aliénation de la presse au pouvoir.
L'objet d'étude : LE JOURNALISME
Le thème : la liberté d'expression
Le concept :
   définition : l'existence d'une presse libre est une condition de la démocratie
   mots-clés : les moyens d'information, la liberté d'expression, le journalisme d'opinion, le pouvoir, les dictatures, la sujétion, la servitude, la servilité, le rôle des journaux, la liberté de la presse

La problématique :
Les journalistes sont assujettis au pouvoir

La délimitation du sujet dans le temps :
Historiquement : l'ancien Régime, 1825-1830, les assassinats depuis 2002 jusqu'en 2006, 80 journaux en 1914, 28 en 1947, 14 en 1952
Aujourd'hui : 7 journaux aujourd'hui

La délimitation du sujet dans l'espace géographique :
en France, en Russie, des journalistes assassinés en Chine, à Cuba, en Birmanie, en Turquie

Les idées :
- les régimes autoritaires contrôlent les moyens d'information
- il est très difficile pour les journalistes de critiquer le pouvoir
- les journalistes sont les premières victimes
- le pouvoir manipule la presse, "l'instrumentalise"
- le journalisme doit être indépendant pour jouer un rôle véritable et significatif d'information, de vérification et de modérateur du débat public, il ne doit pas entretenir de rapport de sujétion avec ceux dont il décrit, analyse ou commente les activités, c'est-à-dire les gouvernants.
- la presse française est une véritable entreprise marquée par la sujétion, la servitude, la servilité
- la France était le pays d'Europe où circulait le plus de journaux, à la veille de la "Grande guerre",

Un exemple pour illustrer une idée :
en Russie, trois journalistes ont été assassinés en 2006: Ilia Zimine en février, Evguéni Guerrassimenko en juillet, Anna Politkovskaïa en octobre

La conclusion :
La presse française, n'ayant pas su se détacher des chaînes que lui impose le pouvoir, a vu ses titres disparaître et son rôle s'affaiblir et devenir critiquable.

2. Deuxième partie : Présentation d'un point de vue argumenté
Vous présenterez votre point de vue sur le thème suivant, en une dizaine de minutes :
"Pourquoi la liberté de la presse est-elle menacée et comment la défendre?"
Vous organiserez votre discours de manière élaborée et fluide avec une structure logique et efficace qui aidera le destinataire à remarquer les points importants.

Idées: l'Asie et le Moyen-Orient seraient les pires régions du monde pour la liberté de la presse d'après Reporter Sans Frontières, en Irak, 44 journalistes ont été tués depuis le début de la guerre, en Russie l'indépendance des médias est fortement mise en doute depuis l'assassinat d'Anna Politkovskaïa, les 2 principales chaînes de télévision publiques russes sont contrôlées par le gouvernement, des journaux et des chaînes de télévision voient le jour au Bénin où il existe une grande liberté de la presse, 40 journaux sont publiés dans la capitale de Cotonou bien qu'il y ait 50% d'analphabètes!

3. Troisième partie :
Dans cette partie, vous débattrez avec le jury. Vous serez amené(e) à défendre, nuancer, préciser votre point de vue et à réagir aux propos de votre interlocuteur.

Intérêt du débat
Cet exercice doit révéler que vous êtes capable de parler en public, dans une langue étrangère.
L'exposé oral permet d'évaluer vos compétences sur des actes de paroles comme :
- présenter un sujet,
- exprimer des opinions,
- débattre sur un thème.

La pratique répétée de cet exercice vous apprendra à surmonter le malaise qu'on éprouve d'habitude à parler longuement dans une langue que l'on étudie. Par la suite, vous interviendrez plus facilement, plus naturellement dans diverses situations de communications. De plus, la discussion vous donne une occasion de défendre des opinions et de faire preuve de personnalité devant une personne que vous ne connaissez pas!

UNITÉ 4

LA CITOYENNETÉ

Compréhension et production orales

Eux et nous

Enregistrement de l'émission RFI : Microsopie du 09.12.2006
Présentation : Édouard Zambeaux
Invité : Joël Roman, auteur chez Hachette Littérature d'un assai intitulé "Eux et nous".

Introduction:
Reportage et témoignages autour de cette "fracture urbaine" qui semble aujourd'hui traverser la France.

Rappel: pour le travail de lecture, les mots en gras peuvent être "appuyés" et les mots soulignés constituent un champ lexical. Ici: la banlieue.

Transcription:
- La banlieue, **pour moi**, c'est un pays dans le pays, c'est toujours la même ambiance, ça veut dire que t'es avec des gens comme toi, la plupart, on va dire des cas sociaux. On est **tellement** dans notre village qu'on a même, on s'est mis à créer notre propre, notre propre moyen de communication. La banlieue c'est le reste.
- Le reste de quoi?
- **Le reste** de la France. On nous a mis, on va dire, on va dire plutôt, on a pris **toutes les origines**, tu vois, **toutes les origines** et on les a mis sur un côté, ça veut dire, on les a mis à l'écart. Pour moi, c'est ça la banlieue, ça veut dire pour moi une banlieue, c'est…c'est comme si, che pas, je m'appelle Jean-Pierre et bien faut que j'évite de passer devant la banlieue. **Mais** quelque part c'est, **voilà**, c'est, c'était programmé quelque part, c'est programmé, c'est, les conditions, elles sont faites pour qu'on reste entre nous, on se regroupe, chacun trouve sa communauté.
- Bonjour et bienvenue dans Microscopie, être ici **ou** d'ailleurs, être ici **et** d'ailleurs, mais **surtout** être de **ce** quartier dans le quartier, un quartier qui emprisonne, qui identifie, un quartier où l'on est entre nous, comme le disait le jeune homme que nous venons d'écouter. Et puis, en face, ceux qui regardent, observent ces lieux, ces gens là en les réduisant à leurs lieux d'habitation, à leur croyance ou à leurs origines. Tels semblent être l'alpha et l'oméga de la réflexion autour des questions que posent de manière **récurrente**, les jeunes des quartiers et les quartiers en général. Des jeunes qui sont d'ailleurs **souvent** issus de l'immigration, comme le dit la formule consacrée: ils ne sont **pas exactement** étrangers, **donc** on ne peut pas les réduire à ce mot. Ils ne sont **souvent pas**, malgré les papiers qu'ils ont dans la poche, considérés comme français; ni l'un, ni l'autre donc, issus de l'immigration, issus du quartier, comme si ces filiations, ces origines se devaient d'être indélébiles, toujours rappelées, comme pour marquer une différence, un fossé, encore un de plus, comme si la communauté nationale, celle qui scande et qui invoque les valeurs de la République, comme une abstraction, et sans jamais les définir d'ailleurs, comme si cette communauté nationale était fermée à jamais. Comme s'il y avait le groupe figé, fermé de ceux qui sont **dedans** et un autre de ceux qui sont **dehors**, et, **quoiqu'ils fassent**, sont condamnés à rester **dehors**. Logique de groupe, logique de communauté. Des communautés imaginaires, **perpétuellement** renvoyées à leur identité, à cette localisation géographique, qui se confondent dans ce qu'on a baptisé les quartiers. Eux et nous, en quelque sorte. Reste **à chacun** à savoir à quel groupe il veut, il peut appartenir, et cette frontière, **de plus en plus**, s'affirme, au point que chacun, de son côté peut dire:"**Eux**", peut dire "**Nous**", comme pour marquer sa différence, sa défiance à l'égard de l'autre et son rejet aussi. Deux mondes qui se voient, qui s'observent, se guettent, la France et la France du bout de la rue, celle des banlieues **évidemment**. Chacun, chacune de ces "Frances" demandant à l'autre de l'accepter **telle qu'elle est** pour ne pas avoir à se remettre en cause. **Eux et nous**, vous dis-je. **Nous et eux aussi**. Tel est le corps du livre de notre invité aujourd'hui, un livre intitulé "Eux **et** nous" **justement** et publié chez Hachette Littérature. C'est **donc** autour de ce thème, de cette fracture qui nous vous invitons à engager la réflexion avec nous cette semaine et pour nous accompagner, nous avons le plaisir d'accueillir Joël Roman, Joël Roman bonjour.

- Bonjour.
- **Alors** vous êtes enseignant de philosophie, directeur de collection dans une grande maison d'édition française Hachette, pour ne pas la nommer, auteur **aussi**, et puis vous venez, comme je l'ai dit, de publier chez Hachette Littérature, un **très** intéressant essai baptisé "Eux et nous". Alors, pour commencer, est-ce qu'on est entre nous **aujourd'hui, nous deux**? Parce que vous décrivez cette frontière, où se situe-t-elle?
- La frontière, elle se situe, ce que disait le jeune homme tout à l'heure était **très net**, elle se situe entre, d'une part une France, **au fond** qui **ne doute pas** d'elle-même, qui **ne doute** d'être la France, qui ne **doute pas** de ce qu'elle représente et **dont** les habitants **ne doutent pas** d'eux-mêmes, et puis cette banlieue, cette banlieue qui est faite, **d'abord** qui ne se vit pas comme la France, ou qu'on ne vit pas comme la France, qu'on désigne **sans arrêt** comme étant le lieu d'**Eux**. Alors on a mis d'un côté les Français, de l'autre côté les origines. Alors voilà, c'est les origines. C'est les Français "d'origines difficiles" aussi, disait quelqu'un un jour dans une réunion, que j'ai repris dans mon livre. Donc voilà, y a, y a, je crois cette distinction, alors encore une fois, là, on est tous les deux, on peut dire "nous" et on peut dire "eux" ceux qui sont de l'autre côté de la vitre, ceux qui sont dans la rue, etc, ça n'engage pas, parce que demain, ou tout à l'heure, on sera dans une autre configuration, et ça changera, "nous" ça sera autre chose et "eux" ça sera autre chose, et on passe le temps à dire ça...
- C'est ce que vous définissez dans votre livre, c'est le côté **excluant** du "eux" et du "nous"...
- Voilà, **ici** il y a quelque chose qui est **permanent**, qui est **excluant** et qui **sans arrêt retrace** et **repasse** sur les mêmes **traces** et retrace la même frontière quoi. "Eux" c'est **ces jeunes** de banlieue, **ces jeunes** issus de l'immigration, **ces jeunes** qu'on dit dangereux, heuh....ou en tout cas, heuh...qui font peur, etc, etc...Quelle que soit la question que vous posez finalement, qu'il s'agisse de la question générale de la banlieue, qu'il s'agisse de la question de la délinquance, qu'il s'agisse de la question de l'islam, on télescope toutes ces questions en disant "eux" et le livre essaie de dire, **bon après tout**, est-ce qu'il serait possible, d'une manière ou d'une autre de dire "**nous**", de manière inclusive et pas de manière exclusive?
- Justement pour commencer, je vous propose de la passer ensemble cette frontière, voir à quel moment est-ce qu'on a l'impression de passer d'un monde à un autre.
- La première fois que j'étais parti à Paris avec des potes, partis en bus, en métro, et je devais avoir 12, 13 ans, ou un truc comme ça...après arrivés à Paris, ouais comme si je disais, si j'étais à Eurodisney quoi, je voyais des monuments, des statues, **tu vois** la Tour Eiffel, tu vois des grands magasins, **tu vois**, che pas, des touristes, des, des...**Tu vois** des gens qui sont habillés différents, des styles différents, des coupes différentes, des belles voitures. C'était pas pareil Paris. C'était magique. Après tu rentres à la cité et tu comprends que t'es pas dans Paris quoi. C'est fini...C'est, tu te dis que t'es dans le reste du monde, **c'est clair**. Quelque part je suis attaché parce que j'y ai grandi, ma vie elle est **ici**, ma famille elle est **ici**, mes potes y sont **ici**, c'est clair que quelque part j'suis attaché à cette cité mais j'aimerais bien en sortir **quoi**, ça fait 25 ans que j'habite là, **c'est bon, quoi**, j'ai tout vu, heuh... J'ai envie de voir autre chose, j'ai envie d'habiter dans d'autres endroits quand je rentre chez moi y a pas des gens qui sqattent en bas, en train de fumer du haschich ou heuh...Quand je rentre ça sent la pisse dans l'ascenseur ou quoique ce soit, **c'est bon**... J'ai passé cette étape, j'en ai marre maintenant!
- ZEP, pour moi, c'est pas Zone d'Education Prioritaire, hein, c'est zone d'expulsion prioritaire donc hein.
- Pourquoi?
- Ben parce que **pour moi**, l'école aujourd'hui, on se cale à des problèmes sociaux, de réels problèmes sociaux, justement pour excuser cette façon d'éduquer les jeunes, **mais pour moi**, tout simplement, les écoles en banlieue c'est.. heuh; on est en train de fabriquer des ouvriers, à l'heure d'aujourd'hui, on fabrique des ouvriers, **donc** des gens pas très cultivés, si sont pas très lettrés, pas très cultivés, ce n'est pas grave, de toute façon y vont aller faire des ménages, y vont faire ouvrier sur les chantiers, aujourd'hui, on a **énormément** besoin de gens dans ce qu'on appelle "le service aux société", services aux entreprises. Qu'est-ce que c'est le service aux entreprises, c'est hôtesse d'accueil, femme de ménage, agent de sécurité, tous ces métiers là où bac + 5 y sert à rien quoi, de toute façon... Donc pour moi, on fabrique de l'ouvrier, chez nous on cherche pas à comprendre, **c'est clair, c'est net**.
- **Donc**, cette zone d'expulsion prioritaire, **donc** ça veut dire quoi, ça veut dire que pour toi l'école c'est, heuh..., c'est tout ce qu'il y a de plus **inégalitaire**?
- Ben oui, (rires), pour moi le oui il est clair, c'est un grand **Oui**, avec un O majuscule?
- Pour moi, pas trop d'égalités puisque, quand tu vis pas dans **le même monde** que les gens, t'as pas les mêmes chances,...et une fois que t'es dans la zone, là, **ta seule chance** c'est la motivation, et si t'as pas la motivation, plus les gens qui traînent... c'est clair que tu penseras plus à décrocher qu'à

t'accrocher! On aurait pu faire l'effort de s'accrocher à l'école, on a choisi d'autres chemins, sans le vouloir, c'est pas **vraiment** en le voulant qu'on a voulu arrêter l'école, y a eu une part de démotivation des enseignants, des…, des… de tout!

- Le truc, il est tout simple, les acteurs, les grands acteurs, les ministres, les cadres, ou les j'sais pas quoi… ils veulent pas que leurs enfants travaillent comme ouvriers, même que leurs enfants y soient capables ou incapables, ils font tout pour que ça soit leurs enfants qui ont des bons postes, y a pas d'égalité sociale, y a pas de…faut arrêter de se voiler la face, nous on est dans la France, la **vraie** France voilà, y en a qui sont dans un rêve, qui pensent que, **non**, quand t'habites en France, t'as **toutes** les possibilités, y faut remercier, de nous… ouais, **d'accord**, je les remercie, j'ai de l'eau, j'ai de l'eau chaude, voilà, j'ai de l'électricité, j'ai du gaz que je paie **quand même**, tout ça je le paie, c'est-à-dire que je l'ai pas **gratuitement**. Si je travaille pas, j'ai **rien**. Ben quoi, ils me permettent d'être au chaud en hiver, mais sinon, **à part ça**, moi je dois lutter **trois fois plus** pour, ne serait-ce que me payer l'eau, que n'importe quel, heuh…, je sais pas moi, n'importe quel type ou quelle famille qui habiterait dans un quartier **beaucoup plus**, on va pas dire chic, on va dire de classe moyenne, parce que nous, on n'est pas du tout en classe moyenne, on est classés zone rouge, malgré que, y a 20, 25 ans, ici c'était des gens **plutôt chics** qui habitaient dans le quartier…

- On a l'impression, à travers ces différents témoignages que les groupes s'homogénéisent et que **finalement** les jeunes habitants de ces quartiers que nous sommes allés rencontrés, ils sont **absolument** conscients et **presque fatalistes** de cette situation d'être le "Eux" pour "Nous"!

- Oh ben, ils en sont conscients, bien entendu qu'ils en sont conscients, **d'ailleurs**, ils le disent **bien** dans le reportage, le fonctionnement des institutions et en un…heuh, … de l'école, mais ils ont pas évoqué, peut-être d'autres reportages le feront, la police, mais **sans arrêt** le fait de… **la stigmatisation** est là! En permanence, c'est-à-dire, **stigmatisation**, c'est quoi? C'est de dire: **n'oubliez pas** d'où vous êtes, **n'oubliez pas** de rester à votre place, **n'oubliez pas** que nous ne faisons pas partie du même monde et **au fond**, on est dans une société qui **sans arrêt ressasse** cette question là, **que ce soit** à travers les informations télévisées, **que ce soit** à travers le fonctionnement des institutions, **que ça soit** même à travers les réactions quotidiennes, dans les transports en commun, **enfin**, le, le, le, le jeune homme qui disait: "j'ai découvert Paris à 13 ans, c'était fantastique", etcetera, mais quand ils arrivent à Paris, **tout à coup,** on voit les regards, on voit **la méfiance**, on voit **la défiance**, ça, ça les…y a **toujours** eu des différences sociales, y a **toujours** eu, **effectivement**, des clivages dans cette société, y a pas eu de moments **idylliques** et **probablement** qu'y en aura pas de si tôt…

- Mais l'évolution est **notable** puisque ce jeune garçon dit toujours **clairement**: "autrefois, y avait des gens", alors il ne les qualifie pas d'aisés, mais il disait que c'était **plus "chic"**, donc à quel moment historique, d'après vous, on peut apporter cette lecture de bloc contre bloc que vous avez utilisée, ce "Eux" et ce "Nous"?

- Je saurais pas dire et je ne me permettrait pas d'hasarder un moment ou une date qui serait celle de la rupture? Ce qu'on constate, c'est quand même quelque chose qui s'est **progressivement** construit, **de plus en plus**, disons depuis le début des années 80, on peut dater les choses, c'est-à-dire l'apparition de ce problème et de cette nouvelle façon de voir les choses à partir des émeutes, c'est-à-dire celles des Minguettes de 81.

- C'est paradoxal **puisque finalement** ça coïncide avec le mouvement du début d'une revendication.

- Ca correspond avec le moment du début d'une revendication, **mais** je crois que la revendication, elle s'est, **à la fois** nourrie de la situation sociale et en même temps cette revendication là, elle a été **très profondément et très violemment** rejetée par l'ensemble de la société française, elle a fini par être acceptée du bout des lèvres, selon certaines modalités, **ça veut pas dire** qui n'y a rien eu, **ça veut pas dire** qu'y a pas eu des politiques de conduites, la jeune fille tout à l'heure a eu des mots **très durs** pour les Zep, **mais** ça a été **une tentative** de réponse, insuffisante, maladroite, probablement inadaptée, mais ça a été **une tentative**, donc y a eu des choses de faites. Mais **globalement** qu'est-ce qui s'est passé? Y s'est passé que, dans ces disfonctionnements qui sont ceux de la société française dans son ensemble, on a fait porter la responsabilité de **ce qui ne marchait pas** aux habitants **eux-mêmes**, aux gens, **aux jeunes**.

- C'est ce que vous qualifiez très **clairement** dans votre livre, hein, je rappelle, chez Hachette Littérature, de **l'instrumentalisation** des blocs, c'est-à-dire de la vision de la société en blocs antagonistes, pour vous, elle sert un certain nombre de personnes?

- Je ne dirai pas **qu'elle sert** un certain nombre de personnes, **si** elle servait un certain nombre de personnes même, **ça serait simple, ça serait bien,** parce qu'on pourrait les dénoncer, on pourrait dire: "vous utilisez cette chose", **alors**, y en a un certain nombre qui s'en serve, **certes**, mais **plus profondément**, je crois que ça désigne **effectivement** une manière de voir, une manière de traiter le problème qui, **même quand** on animé des meilleurs intentions du monde; y a une autre façon, je dirais, de dire "Eux et nous" alors qu'est **meilleure, bien sûr**, mais qui est tout à fait **paternaliste** en même temps et qui reconduit **en permanence** cette rupture ou cette...heuh... donc je crois que c'est quelque chose de **beaucoup plus profond** que ça, c'est quoi? C'est que **tout simplement** on a la superposition **au fond** d'une fracture sociale, classique d'une certaine manière, d'une fracture géographique et territoriale, **moins classique**, et, **en plus**, d'une fracture ethnique. Et on a **3 fractures** qui viennent s'ajouter l'une à l'autre. **Or**, ça, c'est quelque chose de **relativement inédit** dans la cité française et, **au lieu de** traiter cette question là **politiquement**, comme étant **le défi politique**, la question de la cohésion politique qui est posée, **donc** de faire **travailler** les institutions à régler ce problème là, **ou du moins**, à le traiter, on a, **d'une façon ou d'une autre**, chargé la barque de ceux qui sont les principales victimes.

C'est vous qui êtes le problème, hein, et **sans arrêt**, je dirais y a une manière d'injonction latente, de discours latent dans toute la société qui consiste à dire: "**c'est vous** le problème"! Quand on vous dit ça en permanence, vous êtes pas dans la meilleure posture pour pouvoir vous intégrer socialement, **ça c'est sûr!**

Plus d'écoute attentive

Différences entre oral et écrit

Le texte écrit est parcouru par le lecteur à son propre rythme: il peut s'arrêter, reprendre, relire. Ce qui n'est pas possible à l'oral. Celui qui écoute "décroche" quand il ne comprend pas immédiatement...Mais faites bien attention, à l'oral, ce sont les pauses qui délimitent les unités d'information. Les pauses sont des silences qui font la ponctuation du discours. Ces pauses ne sont pas à confondre avec des trous de mémoire ou des hésitations.
Voilà ce que vous trouvez à l'oral par rapport à l'écrit :

oral	écrit
des phrases simples, courtes	des phrases complexes
des phrases juxtaposées	des connecteurs, des mots-outils
pas de passé simple	tous les temps de la conjugaison
les verbes sont fréquents	les nominalisations
des formes actives, affirmatives	des formes actives, passives, négatives
des répétitions, des reprises	des mots précis, des substituts

Exercice 1
1. Proposez un texte écrit de ce passage oral:

La banlieue, pour moi, ben, c'est un pays dans le pays, c'est toujours la même ambiance, ça veut dire que t'es avec des gens comme toi, la plupart, on va dire des cas sociaux. On est tellement dans notre village qu'on a même, on s'est mis à créer notre propre, notre propre moyen de communication. La banlieue c'est le reste.

Pour moi, la banlieue c'est un pays qui se trouve dans le pays et dans lequel on a toujours la même ambiance puisque les gens s'y retrouvent entre personnes de même catégorie sociale que l'on nomme "défavorisée". Le sentiment d'appartenance à ce lieu est tellement fort que l'on y a créé un moyen de communication spécifique. La banlieue, c'est l'excédent de la ville.

Plus d'intonation

L'accent français
Le français possède un accent de groupe de mots, alors que l'anglais utilise, tout comme l'allemand, l'espagnol, le portugais et d'autres langues, un accent de mot.
En français, l'accent porte sur la dernière syllabe du mot ou du groupe de mots.
De plus, l'accent français se caractérise non pas par une intensité plus forte, mais plutôt par un allongement de la durée sur la syllabe accentuée, par une variation montante ou descendante du contour mélodique.
L'accent est un accent de durée plutôt que d'intensité.
- *Les sanglots longs / des violons, / de l' automne / bercent mon cœur / d' une langueur monotone*

Exercice 1

1. Faites une lecture très claire, en distinguant bien les groupes de sens, de la présentation du journaliste de l'émission entendue dans le document enregistré:

Bonjour et bienvenue dans Microscopie, / être ici <u>ou</u> d'ailleurs, / être ici <u>et</u> d'ailleurs, /mais <u>surtout</u> être de ce quartier dans le quartier, / un quartier qui emprisonne, / qui identifie, / un quartier on est entre nous, / comme le disait le jeune homme / que nous venons d'écouter. Et puis, / en face, / ceux qui regardent, /observent ces lieux, /ces gens là en les réduisant à leurs lieux d'habitation, /à leur croyance /ou à leurs origines. /Telles semblent être l'alpha et l'oméga de la réflexion / autour des questions que posent de manière récurrente, /les jeunes des quartiers et les quartiers en général.

Plus de sons

Les sons [f] et [v]

Pour bien distinguer **[f]** et **[v]**, il faut chercher la différence par :
- une intonation descendante
- une position initiale
- l'entourage de voyelles aiguës: [i], [y]

Exercice 1

Les sons **[f]** comme : fou et **[v]** comme : vous. Faites une lecture en distinguant bien les sons :

Deux mondes qui se voient, qui s'observent, se guettent, la France et la France du bout de la rue, celle des banlieues évidemment. Chacun, chacune de ces "Frances" demandant à l'autre de l'accepter telle qu'elle est pour ne pas avoir à se remettre en cause. Eux et nous, vous dis-je. Nous et eux aussi. Tel est le corps du livre de notre invité aujourd'hui, un livre intitulé "Eux et nous" justement. C'est donc autour de ce thème, de cette fracture qui nous vous invitons à engager la réflexion avec nous.

Exercice 2

1. Entourez le son [v] s'il se trouve dans les mots suivants:
   bain   **v**in   **v**ache   tache   bol   **v**ol   temps   **v**ent

2. Entourez le son [v] s'il se trouve dans le premier ou le deuxième mot des paires suivantes:
   fin - **v**ain, **v**ous - bout, **v**eau- beau, fol - **v**ol, **v**ague - bague, **v**ille - bille, **v**allée - falaise

3. Lisez distinctement, puis rapidement :
   1. C'est à vous ? C'est fou !
   2. Sept, huit, neuf… Il va sur ses neuf ans !
   3. Tu viens ? Qu'est-ce que tu fous ?
   4. Je vais à Valence en France.
   5. Vous avez des vacances en février ?
   6. Je fais des vœux pour la nouvelle année.
   7. Vous voulez du vin ? Venez avec vos verres !
   8. Il est neuf heures, vingt et une heures !
   9. C'est à la fin de janvier, vrai ou faux ?

4. Répétez cette chanson:
   Chevaliers de la table ronde / Goûtons voir si le vin et bon / Goûtons voir, oui, oui, oui
   Goûtons voir, non, non, non / Goûtons voir si le vin et bon

Épreuves d'examen

1. Première partie : Présentation du document sonore

FICHE

La situation de communication :
La transmission : une émission radio, un journaliste accueille un professeur qui vient de publier un livre
Le caractère du document : présentation du thème du livre, témoignages, 2 niveaux de langues différents (les jeunes des banlieues, le journaliste et le professeur)
Les locuteurs : plusieurs interlocuteurs de différents milieux sociaux
L'intention des locuteurs : les jeunes des banlieues témoignent de la réalité de la fracture sociale, l'écrivain dénonce les problèmes sociaux et les inégalités dans les banlieues

L'objet d'étude : LA SOCIÉTÉ FRANCAISE
Le thème : la fracture sociale
Le concept :
   définition : la société est coupée en 2 blocs antagonistes, NOUS: les gens normaux, les Français et
   EUX: les gens issus de l'immigration et habitant dans les banlieues
   mots-clés : exclure, la différence, le fossé, la fracture, la frontière, la banlieue, le quartier, la communauté, les origines, l'immigration, la cohésion

La problématique : la fracture sociale, la discrimination à l'égard des habitants des banlieues

La délimitation du sujet dans le temps :
Historiquement : l'apparition de ce problème en 1980, les émeutes des Minguettes de 1981
Aujourd'hui : on a d'un côté les Français, de l'autre côté les gens d'origines différentes

La délimitation du sujet dans l'espace géographique : la France, la banlieue parisienne, les quartiers difficiles

Les idées :
- la banlieue, c'est un pays dans le pays. La banlieue, c'est le reste de la France.
- les jeunes issus de l'immigration ne sont pas exactement étrangers mais malgré les papiers qu'ils ont dans la poche, ils ne sont pas considérés comme français.
- il y a ceux qui sont dedans la France et ceux qui sont dehors, et, quoiqu'ils fassent, ils sont condamnés à rester dehors.
- une Zone d'Education Prioritaire, c'est zone d'expulsion prioritaire.
- on a 3 fractures qui viennent s'ajouter l'une à l'autre, une fracture sociale, classique plus une fracture géographique et territoriale, moins classique, et une fracture ethnique.

Un exemple pour illustrer une idée :
Paris n'est pas comme la banlieue, comme le dit le jeune qui visite Paris à 12, 13 ans, comme s'il était à Eurodisney, il y voit des gens différents.

La conclusion :
Il faut faire travailler les institutions à régler ce problème de fracture sociale, c'est un défi politique. Il faut arrêter de rejeter le problème sur ceux qui ne demandent qu'à en sortir.

---

2. Deuxième partie : Présentation d'un point de vue argumenté
Vous présenterez votre point de vue sur le thème suivant, en une dizaine de minutes :

"Pourquoi les émigrés ont des difficultés à s'intégrer et comment mieux les accueillir?"

Vous organiserez votre discours de manière élaborée et fluide avec une structure logique et efficace qui aidera le destinataire à remarquer les points importants.

Idées: un immigré c'est une personne née étrangère à l'étranger et entrée en France en vue de s'établir sur le territoire français de façon durable. Un immigré peut donc être français s'il a acquis la nationalité française après son entrée en France par naturalisation, par mariage ou par filiation; inversement, un étranger né en France ne sera pas considéré comme immigré. Par sa situation géographique qui en fait un lieu de croisement des commerces et des populations, par son histoire d'ancienne puissance coloniale, la France est un pays de migration de longue date.
Près de 14 millions de Français avaient en 1999 un parent ou un grand parent immigré.
En 2004, la France métropolitaine comptait 4,9 millions d'immigrés soit 8% de la population totale, 40% d'entre eux avaient la nationalité française.
La familiarité avec la langue française des populations de l'Afrique francophone et de certains pays européens où la langue française est ou a été populaire (Roumanie, Russie) peut également être un critère de sélection dans le choix de la France comme pays de destination. La loi relative à l'immigration et à l'intégration du 24 juillet 2006 demande à l'étranger installé en France et souhaitant s'y maintenir durablement la "reconnaissance de l'acquisition d'un niveau satisfaisant de maîtrise de la langue française."
Le niveau éducatif des immigrés est en progression nette. Aujourd'hui un quart des immigrés possède un diplôme de l'enseignement supérieur, soit quatre fois plus qu'en 1982.
La majorité des immigrés résident en Région parisienne (40%) ou dans le Sud-Est. Un habitant de la région parisienne sur six est immigré.
Certains groupes d'origines étrangères ont été stigmatisés voir marginalisés (ghettos) et concentrent aujourd'hui un grand nombre de problèmes économiques et sociaux (chômage, scolarisation, délinquance, criminalité). Ces difficultés ne sont pas nouvelles. La concentration d'immigrés dans certaines zones urbaines, près des frontières ou des bassins industriels, a toujours existé. La présence de ces groupes d'immigrés a toujours suscité des problèmes d'intégration ainsi que des manifestations de xénophobie, qui tendent à s'atténuer dans leurs excès avec le temps.

3. Troisième partie :
Dans cette partie, vous débattrez avec le jury. Vous serez amené(e) à défendre, nuancer, préciser votre point de vue et à réagir aux propos de votre interlocuteur.

Se préparer au débat
Votre intervention orale, adressée à un auditoire limité à l'examinateur, va introduire une réflexion sur laquelle le débat s'engagera.
Les qualités qui sont attendues dans la discussion :
- la compétence : le débat se passe mieux lorsque l'intervenant est perçu comme "fort", il s'agit de l'être et de le faire comprendre.
- la personnalité : l'implication personnelle est généralement appréciée
- la proximité : quelqu'un de trop distant, lointain, de trop indifférent, n'influence pas

Avant la discussion, mentalement, représentez-vous la situation de communication, anticipez les conditions du débat en vous posant des questions sur:
- votre interlocuteur: âge, statut, identité culturelle, son intention d'écoute
- le temps: la durée limitée
- le style: conversation, en interaction immédiate
- les contraintes: ce qui est permis de dire, ce qui n'est pas possible de dire

UNITÉ 5

LA SOLIDARITÉ

Compréhension et production orales

Le commerce équitable: une action de tous les jours?

Enregistrement de l'émission RFI : Élan du 26.11.2006
Préparée par : Besnson Diakité et interview d'Eliane Clancier
Invité : Sébastien Kopp, créateur avec Ghislain Morillon des premières baskets écologiques et équitable: VEJA qui signifie "regarde autour de toi".

Introduction:
En 2003, Sébastien Kopp et Ghislain Morillon montent un projet d'étude sur le développement durable. C'est là que naît l'idée de lancer un projet de commerce équitable et de donner un sens à leur activité professionnelle. En 2004, ils créent la première basket écologique équitable: VEJA. Cette aventure qui a pris forme au Brésil repose sur 3 principes: privilégier les matériaux écologiques, utiliser les matières issues du commerce équitable et fabriquer des produits dans la dignité.

Rappel: pour le travail de lecture, les mots en gras peuvent être "appuyés" et les mots soulignés constituent un champ lexical. Ici: le développement durable.

Transcription:
- Je viens de temps en temps dans les boutiques de commerce équitable, j'aime **bien** regarder un petit peu ce qu' y a, j'achète de temps en temps des produits alimentaires plutôt que d'acheter en supermarché, tout ce qui est café, chocolat, miel, des choses comme ça. Je préfère les acheter en commerce équitable, si ça peut contribuer à quelque chose de…voilà, c'est une **petite** goutte d'eau dans un océan…
- Une **petite** goutte d'eau dans un océan qui a **son importance**, surtout lorsqu'il s'agit d'aider les producteurs du Sud à travers le concept du commerce équitable, qui est, **d'ailleurs**, devenu en quelques années, une alternative au commerce traditionnel. Bonjour et bienvenue à tous, et à ceux qui viennent de nous rejoindre dans cette seconde partie du magazine Élan, magazine dévolu au développement durable, pour un voyage au cœur d'une économie sociale, en compagnie de Sébastien Kopp, l'un des deux fondateurs avec Ghislain Morillon de VEJA: une marque de baskets éthiques, écologiques et équitables. Au micro d'Eliane Clancier, il explique comment a commencé leur aventure, Sébastien Kopp.
- En fait VEJA c'est une **longue** histoire, ça part d'assez loin, on était jeunes diplômés de la faculté et on a eu envie de changer de voie, on était **plutôt** dans la finance internationale et on travaillait à New York, et à Washington, et on s'est dit que nos vies étaient **assez** vides de sens et que, on travaillait avec des OMG, on travaillait dans le développement international et on s'est dit qu'on pouvait faire aut'chose. **Donc** on a monté un projet avec des grandes entreprises françaises sur le développement durable. **Donc** on est partis, un peu partout dans le monde, en Chine, en Inde, au Brésil, en Bolivie, en Afrique du Sud, pour étudier les projets bio-développement durable, on a été globalement **assez** déçus par les projets de ces grandes entreprises françaises parce qu'on trouvait que c'était juste une vitrine communicative et **non pas** des projets très efficaces et on a travaillé en parallèle pour des projets de commerce équitable et on a vu que c'était LA solution, que c'était **efficace** au niveau local, **efficace** au niveau des populations locales, c'est-à-dire qu'y avait un réel développement, une réelle protection de l'environnement, et que **c'était** une des voies à suivre pour **contrecarrer** les déséquilibres Nord- Sud, pour **contrecarrer** les déséquilibres de la mondialisation économique, **donc** on s'est dit: qu'est-ce qu'on pourrait faire pour appliquer tous les principes qu'on a appris, appliquer à la fois la défense de l'environnement, la protection de l'environnement, l'échange solidaire, l'échange éthique, c'est-à-dire l'échange qui ne met **pas** les populations dans un état d'esclavage, **mais** qui leur permet réellement de se développer, on s'est dit, ben y a quelque chose qui n'a **jamais** été fait, c'est des baskets. **Donc** on a crée le projet VEJA, on a crée ce projet en 2004, on a commencé à travailler au Brésil, **donc**, en Amazonie pour le caoutchouc des semelles et on travaille avec des "Selingeros",

www.francaisplus.com   ÉDITIONS FRANÇAIS PLUS

c'est les gens qui travaillent en Amazonie, qui saignent les hévéas, **donc** on leur achète **directement** le caoutchouc à un prix juste, eux participent à la sauvegarde de l'Amazonie, puisqu'ils l'exploitent économiquement sans abattre les arbres, en respectant la forêt, avec des traditions ancestrales et on travaille dans le Nordeste brésilien, une région **très** aride, **très** pauvre, avec une **toute petite coopérative de producteurs** de coton bio et on participe à un projet de développement avec eux. **Donc** ensuite, on a toute une chaîne de coopératives pour le filage du coton, le tissage du coton, l'assemblage des baskets. **Donc** les coopératives c'est des lieux industriels où les ouvriers ont une part du capital **et ensuite**, on travaille avec une association de réinsertion en France qui distribue les baskets VEJA un peu partout et **c'est vrai** que ça a pris un essor **assez fantastique!** Donc on est toujours contents des 2 ans de VEJA pour l'instant.

- Le commerce équitable a été un partenariat commercial qui vise un développement durable pour les producteurs exclus ou désavantagés, il est aussi une démarche de tous les jours, et **surtout** une histoire humaine qui doit répondre à un problème d'ordre social ou environnemental que **ni** l'Etat, **ni** l'entreprise classique ne sont capables de résoudre. Dans presque tous les pays en voie de développement, les besoins existent.

- **Donc** le Brésil rassemble coton bio et caoutchouc naturel, le Brésil **aussi** parce que c'est possible d'y créer des projets comme ceux-là, quand on a 25 ans, les gens croient en vous et **c'est pour ça** qu'on a monté ça là-bas, je pense qu'il y avait une résonance de notre projet là-bas, qu'y a une conscience environnementale **forte** des Brésiliens parce qu'ils ont ce problème de forêt amazonienne, parce qu'ils ont **plein** de problèmes avec les OGM, etc, etc…C'est un pays où **tout** est possible, qui lance **beaucoup** de nouvelles voies, en terme environnemental, en terme social, **donc**, voilà pourquoi le Brésil. En fait, on travaillait avec beaucoup d'ONG brésiliennes qui nous ont indiqué qu'y avait des producteurs en Amazonie, des producteurs dans le Nordeste, et on est allés les voir et là, **j'insiste sur** une particularité du commerce équitable tel qu'on le perçoit, **c'est le terrain, c'est être sur le terrain**, avec les producteurs, connaître les producteurs, on connaît **tous** les producteurs, **quasiment tous**, on y va **très souvent** et c'est **essentiel et primordial**, quand on dit faire du commerce équitable que **d'aller sur le terrain**, que de contrôler ce que font les producteurs, de **les** soutenir, de **les** aider, de discuter **avec eux** des problèmes, d'essayer de les résoudre **avec eux**, tout en leur laissant une **grande** autonomie et une auto gestion qui est favorable au développement. Je pense qu'y a une grande partie de terrain sur laquelle **on insiste pas assez** quand on parle de commerce équitable, ça se fait **pas tout seul**, c'est **pas facile**, c'est **beaucoup** de problèmes, **beaucoup** de difficultés rencontrées mais finalement, c'est **tellement** humain et **tellement** plaisant de travailler comme ça. Si vous voulez, quand vous travaillez pas pour le profit maximal, ça vaut le coup, que c'est finalement **très** excitant de bosser à la fois en Amazonie, à la fois dans le Nordeste, à la fois à San Paulo, à la fois dans le Sud du Brésil, et **c'est génial** et c'est pour **ça** qu'on le fait.

- Dans la région, tout le monde sait qu'il y a 2 français **complètement fous** qui achètent le coton à un prix beaucoup **plus** élevé et qui permet un développement **certain** des coopératives avec lesquelles on travaille, sur ce point, on est **super** contents pour eux, ça fait 6 ans qu'ils n'avaient **rien** vendu avant de nous rencontrer, maintenant, ils ont une liste de 30 clients qui attendent pour acheter leur coton puisque c'est une **toute petite** coopérative. **Donc**, c'est ça qui est génial, on sait qu'ils sont un petit peu sortis d'affaire, même s'y a encore **plein** de problèmes de productivité, d'aridité, de mauvaises pluies, etc…

- A travers le projet VEJA, Sébastien Kopp et Ghislain Morillon tentent d'initier une chaîne solidaire équitable qui part du petit producteur brésilien jusqu'au consommateur des grandes capitales mondiales, c'est leur façon de contrecarrer le déséquilibre Nord-Sud, **voire même** la mondialisation et de prouver qu'il est possible de travailler **autrement**. Mais qu'est-ce que cela apporte aux petits producteurs locaux, Sébastien Kopp?

- Déjà, ça leur permet **maintenant** de vivre, je pense un peu **plus** dignement, de vivre en étant fiers de leur travail. Dans l'œil d'un occidental comme moi, c'est une des choses les **plus** importantes, alors, bien sûr, ils ont **plus** d'argent, bien sûr ils se développent **petit à petit**, pour le bio, ça crée une émulation dans tout le Brésil, en Amazonie, c'est un **petit peu plus** compliqué, parce que c'est des régions **très** reculées, du coup l'information passe pas toujours **très** vite, ils sont **tous assez** isolés, et c'est une région sans foi ni loi, je dirais, avec **beaucoup** de trafics de drogues, de bois, de tout ce qui existe et **du coup**, c'est une région un **peu plus** complexe mais on a bon espoir de développer VEJA, c'est un **réel** impact pour l'instant, on a **pas vraiment** d'impact parce que notre production est **toute** petite. VEJA est un petit projet mais on espère avoir de plus en plus d'impact sur la forêt, sur la sauvegarde de la forêt et sur la vie des "Selingeros".

- Quand on a parlé avec les producteurs de coton bio, quand on leur demande ce qui a changé pour eux, à partir du moment où ils ont cultivé en bio, ils répondent la santé parce **qu'en fait**, ils mangeaient

des haricots, des graines de sésame qu'ils cultivaient à côté du coton, les engrais et les pesticides du coton qu'ils utilisaient **avant** provoquant des troubles de santé **très** graves chez eux.
- Le projet sur lequel on bosse avec les producteurs de coton, c'est **vraiment** la productivité, parce qu'ils ont eu de **gros** problèmes cette dernière année là, sur la productivité, ils arrivent pas à contrer les champignons et les fourmis qui sont le problème **majeur** quand on cultive de façon biologique et donc on utilise la prime qu'on leur verse, après la prime globale de la coopérative, pour les emmener dans d'autres régions du Brésil, les emmener à rencontrer d'autres producteurs afin qu'ils apprennent qu'y a une espèce d'échanges de savoir-faire, pour qu'ils comparent leur méthodes, et pour qu'ils améliorent leur productivité, ça portera ses fruits dans quelque temps, après, **eux**, individuellement, ils ont plus d'argent, après c'est **à eux** de le gérer, c'est **pas à nous**. Bien sûr ils peuvent s'acheter **plus** de choses, maintenant ils subviennent à leurs besoins, **donc** y a une première prime qui a été versée au début, qui a été utilisée pour construire des citernes en matière solide et du coup, ça leur a permis de boire à leur soif, ce qui était leur premier besoin, je crois et voilà… **Mais** on est encore au début, ça fait deux ans maintenant qu'on travaille avec eux, y a **plein** de choses à faire, y a **plein** de développement à apporter et je pense que c'est **plus** au bout de cinq ans qu'on verra le réel impact, mais je suis sûr qu'y aura un, c'est **toujours bien parti** pour en tout cas.
- Il faut rester quand même un peu humble en tout cas, on est une marque de baskets, on propose une basket et ça ne révolutionne **pas non plus** la planète entière. On est **beaucoup** dans l'action, c'est-à-dire qu'on essaie de faire **bien** notre projet, on essaie de proposer des produits convenables, des produits qui plaisent, on essaie de travailler de façon **extrêmement efficace** en amont, avec les producteurs et après, **c'est vrai** que VEJA, c'est un exemple parmi d'autres, c'est pas la voie à suivre **à tout prix**, c'est une basket, donc ça reste quelque chose de **très** marginal, je dirais…Mais voilà en tout cas, on s'est mis **à fond** dans ce projet, on pense que de **grandes** choses vont en sortir et de **grandes** choses en sortent déjà, ça influence **pas mal** de gens, si ça pouvait influencer les grandes marques ou si ça accélérait leur vision, **en tout cas** sur le coton biologique, le commerce équitable, etc.. la façon de fabriquer leurs produits et d'arrêter de couper les coûts **à tout prix** pour des populations en voie de développement qui seraient en situation d'esclavage, ça serait **génial**!

Plus d'écoute attentive

Joindre le geste à la parole

Lors de l'échange communicatif, des locuteurs parlent alternativement, ils **se** parlent, c'est-à-dire qu'ils sont "engagés" dans l'échange. L'émetteur signale qu'il parle à quelqu'un par l'orientation de son corps, la direction de son regard, ou la production de formes d'adresse; il maintient l'attention par des capteurs comme "hein", "n'est-ce pas", "vous savez", "vous votez", "je vais vous dire", "en fait", et éventuellement "réparer" les problèmes de compréhension par une augmentation de l'intensité vocale, des reprises, ou des reformulations.
Le locuteur accompagne son discours de gestes et d'attitudes quelques fois plus "parlantes" que ses paroles elles-mêmes. Ces signaux sont, par ailleurs, indispensables au bon fonctionnement de l'échange. Les gestes qui accompagnent la parole, renforcent son sens ou l'illustrent et contribuent ainsi à l'efficacité du message: regard et hochements de tête, froncement de sourcils, petit sourire, léger changement de posture…Le corps par sa mobilité exprime celle de la pensée.

Exercice 1

Quel est le sens de ces réactions souvent accompagnées de gestes?
1. Mon œil!
2. Ça va pas la tête
3. Bof!
4. C'est trop!
5. J'ai les boules!
6. J'en ai par-dessus la tête!

A. l'angoisse
B. l'exaspération
C. l'incrédulité
D. l'hésitation
E. l'admiration
F. l'irresponsabilité

1	2	3	4	5	6
C	F	D	E	A	B

Plus d'intonation

L'accent de phrase
En français, l'intonation varie selon le type de la phrase: assertive, interrogative, exclamative, impérative. Lorsque la phrase est interrogative, la courbe mélodique est "montante": il y a plus de tension à la fin: *Elle est ici? Il est sorti?*

Exercice 1

1. Faites une lecture expressive en tenant compte de la ponctuation de cet extrait entendu:
Dans la région, tout le monde sait qu'il y a 2 français fous ! Ils achètent le coton à un prix beaucoup plus élevé ! Mais qui permet un développement certain des coopératives avec lesquelles on travaille, sur ce point, on est super content pour eux ! Cela fait 6 ans qu'ils n'avaient rien vendu avant de nous rencontrer ! Maintenant, ils ont une liste de 30 clients qui attendent pour acheter leur coton ! Donc, c'est ça qui est génial ! On sait qu'ils sont un petit peu sortis d'affaire... Même si y a encore plein de problèmes de productivité, d'aridité, de mauvaises pluies, etc ...

Plus de sons

Les sons [ ] et [ã] et [ẽ]

Ces sons sont "nasaux": un peu d'air passe par le nez au moment de leur prononciation, pour le vérifier, pincez-vous le nez lorsque vous dites : lent, long, lin. Prononcez ensuite ces mots normalement. Attention, à un même son nasal peut correspondre plusieurs graphies.

Exercice 1

1. Marquez les sons nasaux dans ce passage du document entendu:

Je viens de te**mps** **en** te**mps** da**ns** les boutiques de commerce équitable, j'aime bien regarder **un** petit peu ce qu'il y a, j'achète de te**mps** **en** te**mps** des produits alime**n**taires plutôt que d'acheter **en** supermarché, tout ce qui est café, chocolat, miel, des choses comme ça. Je préfère les acheter **en** commerce équitable, si ça peut co**n**tribuer à quelque chose de...voilà, c'est une petite goutte d'eau da**ns** **un** océan...

Exercice 2

1. Lisez et relisez ces chiffres:
　　　un, onze　　　cinq, quinze　　　vingt, trente, quarante, cinquante, cent

2. Remarquez la graphie différente du son nasal dans:
　　　plaindre, peindre, craindre, atteindre, feindre, vaincre

3. Relisez cette phrase et remarquez la graphie du son nasal:
　　　il est temps, il s'en va, il a tant attendu, pourtant...

4. Répétez cette chanson:
　　　Douce Fr**an**ce　　　Cher pays de mon **enfan**ce　　　Bercée de t**en**dre insouci**an**ce

Épreuves d'examen

1. Première partie : Présentation du document sonore

FICHE

La situation de communication :
La transmission : la seconde partie d'une émission radio
Le caractère du document : l'émission est destinée à un public d'auditeur, registre de langue standard
Les locuteurs : plusieurs interlocuteurs masculins, le journaliste est d'origine africaine
L'intention des locuteurs : il s'agit d'informer sur l'existence de cette entreprise de commerce équitable

L'objet d'étude : LE COMMERCE EQUITABLE

Le thème : VEJA une entreprise basée sur le commerce équitable, crée par deux Français, pour une marque de baskets éthiques, écologiques et équitables

Le concept :
  définition : le commerce équitable est basé sur le développement durable et sur la juste répartition des richesses, une part des bénéfices revient aux producteurs qui s'engagent à respecter l'environnement et réinvestir de manière écologique dans leurs cultures et leurs productions.
  mots-clés : une alternative au commerce traditionnel, le commerce social, le développement durable, la mondialisation, la protection de l'environnement, une chaîne solidaire, les déséquilibres, les cultures biologiques

La problématique : il s'agit de trouver d'autres formes de commerce, des alternatives au commerce traditionnel donc de lutter contre la mondialisation et les déséquilibres qu'elle a provoqués.

La délimitation du sujet dans le temps :
Historiquement : l'entreprise VEJA, créée en 2004
Aujourd'hui : l'entreprise est en plein essor et profite aux petits producteurs

La délimitation du sujet dans l'espace géographique :
- il y a des projets de bio-développement durable en Chine, en Inde, au Brésil, en Bolivie, en Afrique du Sud
- ils ont commencé à travailler au Brésil, en Amazonie

Les idées :
Sébastien Kopp et Ghislain Morillon ont créé une chaîne solidaire équitable partant du petit producteur brésilien et allant jusqu'au consommateur des grandes capitales mondiales, c'est une façon de contrecarrer le déséquilibre Nord-Sud, la mondialisation et de prouver qu'il est possible de travailler autrement.
- il faut assurer la sauvegarde de la forêt amazonienne
- il faut préserver la santé des populations
- il faut permettre aux petits producteurs d'assurer leurs besoins vitaux
- il faut améliorer la productivité et assurer des cultures biologiques

Un exemple pour illustrer une idée :
- emmener les producteurs de certaines régions à rencontrer d'autres producteurs afin qu'ils apprennent, qu'ils échangent leur savoir-faire, pour qu'ils comparent leur méthodes, et qu'ils améliorent leur productivité

La conclusion :
Il faut arriver à influencer les gens, les grandes marques, changer les idées sur le commerce, faire consommer plus de produits biologiques, modifier les façons de fabriquer des produits, surtout arrêter de tout penser en profit afin que les pays défavorisés puissent à leur tour se développer.

2. Deuxième partie : Présentation d'un point de vue argumenté
Vous présenterez votre point de vue sur le thème suivant, en une dizaine de minutes :

"Pourquoi le commerce équitable est-il en progrès et comment peut-on le soutenir?"

Vous organiserez votre discours de manière élaborée et fluide avec une structure logique et efficace qui aidera le destinataire à remarquer les points importants.

Idées: la notion de commerce équitable (en anglais *fair trade*) trouve ses origines dans les années 1960. La filière équitable garantit au producteur un tarif de vente minimal, au prix d'un surcoût volontairement accepté par le consommateur. Le commerce équitable, concerne les rapports commerciaux Nord-Sud renforçant la position économique des petits producteurs et propriétaires afin d'assurer qu'ils ne soient pas marginalisés dans l'économie mondiale. Ce sont les produits agricoles et alimentaires transformés (chocolat, café, thé...) qui représentent la grande majorité des ventes et aussi l'artisanat et des produits textiles. Le commerce équitable justifie son existence en citant l'article 23 de la Déclaration universelle des droits de l'Homme : « Quiconque travaille a droit à une rémunération équitable lui assurant ainsi qu'à sa famille une existence conforme à la dignité humaine. »

C'est un échange commercial différent permettant une meilleure rémunération des producteurs. Les organisations de commerce équitable, soutiennent les organisations de producteurs, sensibilisent le grand public et mènent des campagnes visant à modifier les règles et les pratiques du commerce international conventionnel. Le commerce équitable recouvre donc trois dimensions, complémentaires et indissociables: une dimension socio-économique: des échanges commerciaux équitables et un développement durable, une dimension éducative pour d'autres modes de relations commerciales basées sur la confiance et la transparence, une dimension politique avec un engagement pour plus de justice dans les règles du commerce international.

Les boutiques spécialisées, "alternatives" au commerce traditionnel, proposent des produits alimentaires et artisanaux provenant des pays du Sud. Ces boutiques sont également l'occasion d'informer le public sur la réalité de vie des producteurs du Sud et les enjeux des relations Nord-Sud L'IFAT (International Fairtrade Association) retient les critères suivants: création d'opportunités pour les producteurs économiquement défavorisés, transparence et responsabilité, construction de compétences, promotion du commerce équitable, juste prix, égalité homme-femme devant le salaire, conditions de travail, respect du droit des enfants, protection de l'environnement.

3. Troisième partie :
Dans cette partie, vous débattrez avec le jury. Vous serez amené(e) à défendre, nuancer, préciser votre point de vue et à réagir aux propos de votre interlocuteur.

Trucs pratiques
Le débat est un exercice de communication orale qui va démontrer vos capacités à vous exprimer, à intervenir, à poser des questions, à y répondre.

Pour cela :
1. Mettez-vous suffisamment à l'aise pour ne pas vous inquiéter du déroulement du débat :
    Portez vos vêtements habituels, confortables. Avant le début du débat, contrôlez votre respiration, ralentissez les battements de votre cœur, donnez-vous un court temps d'adaptation
2. Débarrassez-vous de la timidité et du trac :
    Placez devant vous un petit objet qui vous est familier et agréable
3. Essayez de diminuer votre méfiance à l'égard de la personne du jury que vous ne connaissez pas :
    Trouvez lui des aspects sympathiques !
4. Ne vous laissez pas traumatiser par cette expérience :
    Faites quelques répétitions chez vous !

Chaque fois que vous vous retrouverez par la suite dans une situation analogue à celle de votre examen, vous parviendrez à mieux dominer la peur de vous entendre parler en français et vous interviendrez plus facilement et plus naturellement dans toute discussion.

UNITÉ 6

LA RESPONSABILITÉ

Compréhension et production orales

L'Organisation des Nations Unies

Enregistrement de l'émission RFI : Territoires de jeunesse du 14.10.2006
Présentation : Édouard Zambeaux

Introduction:
Au moment où l'Organisation des Nations Unies s'apprête à changer de secrétaire général, Territoire de jeunesse a voulu savoir pour Radio France International quelle était l'image de cette organisation. L'ONU commence à prendre conscience que son image se détériore auprès des jeunes. Aussi le service information de l'organisation internationale a organisé un stage de trois semaines pour que ceux qui auront un jour à travailler plus ou moins directement avec elle, aient une meilleure connaissance de ses activités, 84 candidats ont été sélectionnés pour participer au Graduate Study Programme (programme d'études ou séminaire) organisé à Genève où se déroulent les 3/4 des activités de Nations Unies.
C'est à la rencontre de ces étudiants venus de 55 pays qu'est allée Laure de Gonneville pour Territoire de jeunesse. Ils nous livrent leurs espoirs souvent déçus au moment où, pour la première fois il sont entrés dans le Palais des Nations Unies…

Rappel: pour le travail de lecture, les mots en gras peuvent être "appuyés" et les mots soulignés constituent un champ lexical. Ici: l'Organisation des Nations Unies

Transcription:
Jean-François Yaho, futur président de la Côte d'Ivoire, avec son homologue béninois, Monsieur Ossam Outoko
- Ossam Otoko, comme il me présentait, béninois. Nous sommes dans le tram 15 en direction du Palais des Nations où on suit notre programme de stage qui va bientôt finir.
- Territoire de jeunesse, Édouard Zambeaux.
- Bonjour et bienvenus dans Territoires de jeunesse, une fois n'est pas coutume, cette semaine, nous vous emmenons à Genève, sous les ors de l'Organisation des Nations Unies, au Palais des Nations Unies, comme vous venez de l'entendre de ces deux jeunes décideurs qui arrivent en tramway. **Au moment où** l'ONU s'apprête à changer de Secrétaire général **et alors que** depuis quelques jours, on sait que le successeur de Kofi Anan sera, le premier janvier prochain, le Sud Coréen Ban Ki Moon, nous avons voulu savoir qu'elle était l'image de cette organisation créée au lendemain de la Seconde Guerre mondiale pour mettre fin aux conflits et résoudre les différents internationaux, **comme on dit**. Alors, **bien sûr** l'ONU, c'est le lustre, la gloire, le pouvoir, les fonctionnaires internationaux, les sommets et aussi les idées nobles et universelles, au moins sur le papier… L'ONU fait rêver les jeunes élites du monde entier. Qui, **en effet**, parmi les jeunes diplômés n'a pas **un jour** pensé qu'il pourrait embrasser une carrière de fonctionnaire international à l'ombre du drapeau bleu et blanc, orné des deux branches d'olivier qui symbolisent l'ONU ? **Et pourtant**, la réalité est un peu différente, l'ONU commence à en prendre conscience, à se rendre compte que son image se détériore auprès des jeunes. **Aussi**, en juillet dernier, le Service d'information de l'Organisation internationale a organisé un stage de 3 semaines pour que ceux qui auront un jour à travailler en lien **plus ou moins** direct avec elle, aient une **meilleure** connaissance de ses activités. Ce sont **donc** 84 candidats qui ont été sélectionnés pour participer au "Gradual Study Program", on le dit en anglais, à l'ONU aussi, un programme d'étude, de séminaire qui était organisé à Genève, là où se déroulent les trois-quarts des activités des Nations Unies, il ne faut pas l'oublier. Les candidats doivent être des étudiants ou des jeunes diplômés de troisième cycle, avec une formation en Droit international, en Relations internationales, en Sciences Politiques, en Développement, **tous**, ils étaient sélectionnés sur dossier, lettre de motivation, photocopie des diplômes et lettre de recommandation. Il fallait donc montrer patte blanche ! C'est **donc** à la rencontre de ces 84 étudiants venus de 55 pays qu'est allée Laure de

Gonneville pour Territoires de jeunesse. Ils nous livrent leurs espoirs **souvent** déçus, au moment où la première fois, ils ont pénétré dans le saint des saints des Nations Unies.

- **Je crois** en la vision de l'ONU parce que si je ne croyais **pas**, j'allais **pas** vouloir y entrer. En l'intégrant, je pourrai aussi apporter ma pierre à la construction de la maison ONU et je nourris **vraiment** le grand désir d'y parvenir, parce que l'ONU constitue pour moi **vraiment** l'idéal vers lequel on doit **tous** tendre, c'est-à-dire la culture et la promotion de la tolérance, de la paix, de la solidarité, du partage, parce qu'on doit trouver une **certaine** satisfaction à pouvoir effacer les barrières linguistiques, les barrières nationales, **enfin** les barrières politiques, économiques, y a pas, quelque part le but des Nations Unies c'est d'effacer **toutes** ces barrières afin d'accomplir dans cette vie, **tout** ce qu'on souhaite, c'est-à-dire le bien être général, la liberté et la fraternité, voilà.
- Quand on est jeune, c'est difficile d'intégrer l'ONU ?
- **Oui**, quand on est jeune, c'est difficile d'intégrer l'ONU ! Petite anecdote, j'ai eu à rencontrer une dame qui travaille à l'ONU, qui a fait douze ans aux Ressources Humaines, je lui ai émis mon vœu de pouvoir **aussi** intégrer l'ONU et j'ai été **un peu** choqué par la réponse qu'elle m'a donnée, elle m'a dit : "Est-ce que tu connais quelqu'un à l'ONU ? ", elle aurait pu me dire : "Quel est ton niveau? Quelle est ta branche?" **mais** elle m'a dit :"Est-ce que tu connais quelqu'un à l'ONU ?" ! **Donc** c'est un peu pour dire que l'intégration **aussi** peut être **beaucoup** favorisée par le "quotage", le "mentor ship", si je peux m'exprimer ainsi, en empruntant un anglicisme, mais donc voilà…
- Daho Jean-François, 26 ans, de nationalité ivoirienne, je fais un constat de Maîtrise à l'Institut Universitaire d'Études de Développement à Genève.
- Je m'appelle Lina Elélats, je suis libanaise, j'ai 25 ans, je fais des études de psychologie à Beyrouth et maintenant je fais mes études de Master en Corée du Sud, à Séoul, sur l'art et la culture de la religion coréenne.
- Je m'appelle Cherman, je suis venu d'Argentine, je fais en ce moment ma première année de thèse de Doctorat en Sciences Politiques.
- Bonjour, je m'appelle Charlotte, j'ai 24 ans, je suis française, j'ai fait des études de Sciences Po et Relations Internationales dans le cadre d'une filière franco-allemande entre l'IUP de Bordeaux et l'université de Stuttgart.
- Sonia Campbell, je viens d'Allemagne, Heidelberg, j'ai 25 ans et en ce moment, je fais un Master en Sciences environnementales.
- On m'appelle Oussman Outoko., je viens du Bénin et je vis à Genève. Je fais un Master en Études du développement dans la spécialité "opération internationale entre conflit et paix".
- Au début, j'avais **vraiment** une image **très** idéale des Nations Unies, que c'est une organisation qui peut vraiment faire des changements, qui est n'est pas **aussi** dépendante en fait des États membres, mais pendant mes contacts avec les Nations Unies, dans les différents sièges, j'ai **quand même** remarqué que ce sont les États membres qui influencent les Nations Unies et qui déterminent **finalement** ce que les Nations Unies peuvent **faire** ou ne peuvent **pas faire.**
- Concernant la position de l'ONU actuellement dans la crise en Côte d'Ivoire, j'en veux pour ma part à l'ONU parce que, c'est **vrai** que de par les tests de l'ONU on demande une certaine neutralité, mais je pense que, en étant **un peu plus** ferme sur ses décisions, elle pourrait **vraiment** faire avancer les choses…
- C'est le seul exemple où tu trouves que l'ONU est **pas très** active, ou il y a d'autres exemples où tu considères que …
- Y en a, y en a légion ! Au niveau de l'inactivité, la preuve qui me vient tout de suite à l'esprit, c'est que, avec la situation au Liban, j'ai été **vraiment** outré de voir que, quand on se promenait dans les couloirs de l'ONU, il n'y ait pas de débat, **ne serait-ce que** de petites discussions entre les fonctionnaires des Nations Unies… Je me suis dit que l'heure du renouvellement, est-ce qu'il était vraiment arrivé? Parce qu'il y a **trop** d'enjeux politiques, géostratégiques qui font que l'ONU ne joue pas, **en tout cas,** le rôle qui lui est assigné depuis sa création…
- Il y a **encore beaucoup** de problèmes d'efficacité, des problèmes de budget, des problèmes que les États doivent donner les fonds. Les promesses, ils promettent de donner autant d'argent, **finalement,** ils donnent que la moitié ou même pas du tout, ou rien du tout…
- Bien sûr quand on parle de l'ONU, c'est plutôt l'idéalisme, c'est différent comment je le perçois maintenant alors…
- Parce que tu le perçois comment maintenant, depuis que tu as fait le programme, ça a changé ?
- **Oui**, on a rencontré **beaucoup** des gens ici, il y a beaucoup de gens qui travaillent **vraiment** beaucoup, ils aiment ce qu'ils font, ils travaillent pour changer le monde, pour avoir une grande société qu'on pourra vivre sans que les gens meurent de pauvreté, du Sida, d'un conflit d'armes, mais, ce qui se passe **en réalité**, c'est **pas** proche de l'idéalisme que j'avais avant de venir ici. Il y a **beaucoup** de gens qui viennent ici pour je ne sais pas, pour avoir le titre ou je ne sais pas, pour les salaires ou des

choses comme ça, mais combien ils fassent pour changer ce monde, pour travailler sincèrement pour l'humanité, c'est quelque chose qui est…doutable…

- On s'en est bien rendu compte lors du stage d'étude qu'il y avait des personnes qui se sentaient **vraiment** investies corps et âme dans leur mission et d'autres moins. Je pense que c'est **partout** pareil… Malgré tout, j'ai **un peu** regretté pour avoir discuté avec quelques diplomates, une **certaine** lassitude d'avoir à faire à des situations de crises. Il y a plus une question d'urgence parfois, **du coup**, ils ne se rendent pas **forcément** compte de l'immensité de la responsabilité qui repose sur leurs épaules…

- Comme, en fait, c'est quand même une **grande** bureaucratie, et les **très grandes** bureaucraties ont **toujours** des difficultés à continuer, **donc** c'est pour ça que le travail n'est **pas toujours** efficace. Il y a, **apparemment**, pas mal de comités qui ont été établis pour rendre la coopération entre les différentes agences des Nations Unies **plus** efficaces; mais là encore, il y a des états membres qui, en fait, ont créé un comité qui n'est pas vraiment nécessaire, seulement pour donner un poste… Il n'y a pas une volonté de **vraiment** réformer cette organisation internationale qui, en fait, **je crois**, il y en a beaucoup, pas beaucoup mais quand même pas mal de gens qui sont ici pour le prestige, qui ne veulent **pas vraiment** changer le monde bien qu'ils ont eu peut être cette idée au début, quand ils ont commencé à travailler et puis après, ils ont été désillusionnés…

- Tu aimerais, toi, travailler à l'ONU ?

- Je ne sais pas, je ne sais pas… Avant de venir ici **oui**, j'aimerais bien, mais maintenant je vois que c'est **plus** de la bureaucratie et beaucoup d'influences politiques, tout le temps. C'est moins du travail noble et idéaliste, alors je sais **pas vraiment** si je voudrais travailler ici, je sais pas…

- Le problème c'est qu'on avait l'impression aussi que certaines personnes, qui ont pris la parole en face de nous, prenaient **volontairement** une distance avec nous, avec les jeunes **donc** et n'avaient pas une volonté de transférer un message, une croyance, ou comme si c'était désabusé… **Donc ça**, c'est **pas forcément** bon et je pense que le problème aujourd'hui c'est, et ça c'est **vraiment** visible au sein des Nations Unies, c'est que les personnes qui actuellement travaillent, oublient que, il va falloir un jour laisser le relais aux jeunes et que nous on présente la nouvelle génération et on nous pousse pas, on nous pousse pas… Alors, **évidemment** c'est à nous de voir ce qu'on a envie de faire, etc… Mais c'est à eux de nous donner, de faire passer, de transférer ce message, pour donner cette envie ou cette croyance qu'il est possible **encore** de changer les choses…

- Je m'appelle Marie Euzet, je suis Directrice de l'Information des Nations Unies à Genève depuis cinq ans, **auparavant**, j'ai travaillé pendant huit ans comme Directrice de la Communication de l'UNICEF en Europe et j'ai travaillé aussi huit à dix ans pour la FAO à Rome. Ce programme date depuis plus de quarante ans et il est né d'une idée toute simple, c'est que pour recruter et pour faire connaître le travail des Nations Unies, on a besoin de communiquer avec des étudiants et de communiquer **pas seulement** de manière institutionnelle et de manière instantanée mais d'avoir la possibilité d'avoir un dialogue avec des jeunes, et ce programme s'étale sur trois semaines et leur permet **donc** d'avoir une sorte de modèle des Nations Unies puisqu'ils sont appelés, **non seulement** à participer à des sessions plénières, **mais aussi** à travailler ensemble sur des projets de rapports. Les étudiants sont confrontés aux mêmes difficultés que les diplomates ou experts quand ils ont à travailler ensemble et à se réunir pour un objectif commun.

- Il y a certains participants qui rêvent **vraiment** d'intégrer l'ONU avec le côté un peu **plus** prestigieux et puis il y a ceux qui sont **beaucoup plus** critiques par rapport au fonctionnement de l'ONU en ce moment, qui sont **un peu** désespérés par rapport à cette organisation…Qu'est-ce que vous pourriez leur répondre ?

- Je crois que le côté prestige, je suis ravie que vous en parliez **mais** c'est plutôt le côté valeurs internationales plutôt que prestige, parce que, quand vous êtes sur le terrain et que vous êtes confronté à l'immense pauvreté ou confronté à des situations de conflits pour lesquels vous êtes, la plupart du temps, **malheureusement**, pas aussi puissants que vous souhaiteriez mais plutôt impuissants, le côté prestige est quand même un peu… **ça doit pas** être une motivation, c'est-à-dire qu'un jeune homme ou une jeune femme qui voudrait rentrer aux Nations Unies pour ce côté prestigieux, sécurité de l'emploi et salaire, etc… Je pense qu'il ferait **tout de suite** fausse route parce que le fond de notre activité **c'est pas du tout** ça, vaut **mieux** rentrer avec **un peu** d'humilité en pensant qu'on apporte **un peu** de réconfort quand on le peut, **un peu** de justice quand on le peut, **un peu** de respect des droits de l'homme quand on le peut et que c'est bien compliqué ! Et que je comprends **très bien l'immense** réserve et **l'immense** désaffection que peut avoir pour des jeunes qui veulent être **très** actifs et **très** efficaces, le travail des Nations Unies vu de l'extérieur, **c'est certain**, mais c'est comme dans toutes les choses, vous réalisez des choses parfois **plus efficacement** à travers des institutions, la société civile, **enfin** à travers des institutions non gouvernementales et **parfois** c'est à travers l'ONU.

O.N.U: organisation internationale créée en 1945 par les 51 pays de l'Axe, destinée à maintenir la paix dans le monde et dotée de moyen de faire appliquer ses résolutions, éventuellement par les armes. En 1996, elle compte 187 États membres, un secrétaire général élu pour 5 ans, une Assemblée générale, un Conseil de sécurité composé de 5 membres permanents qui ont droit de veto (Chine, Etats-Unis, France, Royaume-Uni, Russie). Le siège principal de l'O.N.U est à New York. Diverses institutions s'y rattachent l'UNESCO (domaine culturel), l'UNICEF et O.M.S (humanitaire et sanitaire), l'O.M.C et le F.M.I (économique).

Plus d'écoute attentive

Comprendre des informations

1. Après avoir fait une première écoute de l'extrait enregistré, soulignez les informations qui vous semblent justes. Confirmez vos réponses par une seconde écoute attentive.

   1. Kofi Anan: <u>est l'ancien Secrétaire de l'ONU</u> ou le nouveau Secrétaire de l'ONU
   2. Ban Ki Moon: est l'ancien Secrétaire de l'ONU ou <u>le nouveau Secrétaire de l'ONU</u>
   3. Les activités des Nations Unies se déroulent pour: 1/4 à Genève ou <u>3/4 à Genève</u>.
   4. L'organisation des Nations Unies a été créée:
      <u>au lendemain de la Seconde Guerre mondiale</u> ou au lendemain de la Première Guerre mondiale
   5. Le programme d'étude dure : <u>3 semaines</u> ou 13 semaines
      pour : 55 étudiants ou <u>84 étudiants</u>
      venus de : 84 pays ou <u>55 pays</u>

2. Soulignez les pays d'origine des étudiants interrogés :
   <u>l'Afrique</u>   l'Angleterre   <u>le Liban</u>   <u>l'Argentine</u>   la Suisse
   <u>la France</u>   l'Australie   <u>l'Allemagne</u>

Plus d'intonation

L'expressivité

L'expression orale se prête à des mises en relief très variées: contrastes, pauses, insistances.
La modulation de la voix, ses variations musicales, rend l'expression orale agréable, nuancée.
Dans l'élocution, le contrôle de la respiration règle le degré d'intensité de la voix, le découpage des groupes syntaxiques, les temps d'arrêt de la parole, les changements de débit, les pauses.
L'expressivité traduit les émotions, les intentions, les attitudes du locuteur, et se réalise de différentes façons selon la personnalité et les intentions de communication de chacun.
La mise en relief permet au locuteur de mettre l'emphase sur un mot ou une suite de mots.
Un petit jeu: pouvez-vous prononcer ces mots : "*Il adore le cinéma*" en exprimant la surprise, puis l'évidence, ensuite la tristesse, l'enthousiasme, le doute?

Exercice 1

Lisez cet extrait du document enregistré en adoptant un ton désabusé, dégoûté. Pour vous aider à bien le lire, soulignez d'abord les expressions qui marquent la déception.

Oui, quand on est jeune, <u>c'est trop difficile</u> d'intégrer l'ONU ! Petite anecdote, j'ai eu à rencontrer une dame qui travaille à l'ONU , qui a fait douze ans aux Ressources Humaines, je lui ai émis mon vœu de pouvoir aussi intégrer l'ONU et <u>j'ai été choqué</u> par la réponse qu'elle m'a donnée, elle m'a dit : <u>"Est-ce que tu connais quelqu'un à l'ONU ? "</u>, elle aurait pu me dire : "Quel est ton niveau? Quelle est ta branche?" <u>mais non,</u> elle m'a dit :"Est-ce que tu connais quelqu'un à l'ONU ?" !

Exercice 2

Lisez ces 10 courtes phrases avec assurance, puis réécrivez-les, en changeant ou ajoutant des mots, afin de les rendre négatives et afin d'exprimer la déception.
1. L'Organisation des Nations Unies est très active.
2. L'ONU joue bien son rôle.
3. L'ONU est proche de l'idéalisme des jeunes.
4. Les diplomates travaillent sincèrement pour l'humanité.
5. Ce n'est pas partout pareil.
6. Les diplomates assument les situations de crises.
7. Le travail est toujours très efficace.
8. Les gens ne travaillent pas à l'ONU pour leur prestige.
9. Les gens qui travaillent à l'ONU ont des idéaux.
10. Les diplomates ne sont pas désillusionnés.

1. L'Organisation des Nations Unies n'est pas très active…
2. L'ONU ne joue pas du tout son rôle…
3. L'ONU n'est pas proche de l'idéalisme des jeunes !
4. Les diplomates ne travaillent pas sincèrement pour l'humanité….
5. C'est partout pareil !
6. Les diplomates n'assument pas vraiment les situations de crise…
7. Le travail n'est pas toujours efficace…
8. Les gens y travaillent seulement pour leur prestige !
9. Au début, les gens avaient des idéaux…
10. En fait, les diplomates sont désillusionnés.

Plus de sons

Le son [oe]

Pour bien prononcer le son **[oe]** , il faut chercher la différence par :
- une intonation descendante
- l'entourage de consonnes graves: [b], [r], [m], [v], [p], [w]
- l'entourage de consonnes aiguës: [s], [z], [t], [d]
- le chuchotement

Le son **[Ø]** est très proche du son **[oe]** :
      [oe] neuf, veuf, peur, bonheur
      [Ø] peu, nœud, vœux, heureux

Exercice 1

Faites une lecture sans exagérer le son **[oe]** et faites attention à prononcer, ou non, les e.

Bonjour et bienvenus dans Territoires de jeunesse, une fois n'est pas coutume, cette semaine, nous vous emmenons à Genève, sous les ors de l'Organisation des Nations Unies, au Palais des Nations Unies, comme vous venez de l'entendre de ces deux jeunes décideurs qui arrivent en tramway. Au moment où l'ONU s'apprête à changer de Secrétaire général et alors que depuis quelques heures, on sait que le successeur de Kofi Anan sera, le premier janvier prochain le Sud Coréen Ban Ki Moon, nous avons voulu savoir qu'elle était l'image de cette organisation créée au lendemain de la Seconde Guerre mondiale pour mettre fin aux conflits et résoudre les différents internationaux, comme on dit.

Exercice 2

1. Soulignez le son **[oe]** s'il se trouve dans les mots suivants:

    sort   soeur   deux   sel   neuf   faire
    mère   corps   fort   feu   être   peur

2. Soulignez le son [oe] s'il se trouve dans le premier ou le deuxième mot des paires suivantes:
   père - p**eu**r   les - le   corps - c**œu**r   d**eu**x - dos   sot - c**eu**x
   de - des   ce - ces   leur - l'air   fais - f**eu**   v**œu**x - voix

3. Soulignez le son [oe] s'il se trouve dans la première on la deuxième syllabe des mots suivants:
   j**eu**nesse   doct**eu**r   vol**eu**r   pêch**eu**r   déj**eu**ner   **Eu**rope

Épreuves d'examen
1. Première partie : Présentation du document sonore

FICHE
La situation de communication :
La transmission : une émission radio
Le caractère du document : l'enregistrement se passe dans la rue et dans des bureaux, les personnes interrogées ont des accents différents en français
Les locuteurs : il y a plusieurs interlocuteurs d'origine différentes comme l'Afrique, l'Allemagne
L'intention des locuteurs : il s'agit d'informer sur la réalité du fonctionnement des Nations Unies et de faire connaître son manque d'efficacité (d'après les jeunes interrogés).
L'objet d'étude : LES NATIONS UNIES
Le thème : l'efficacité des Nations Unies
Le concept :
   définition : organisation créée au lendemain de la Seconde Guerre mondiale pour mettre fin aux conflits et résoudre les différents internationaux, le successeur de Kofi Anan au Secrétariat général est depuis le premier janvier 2007, le Sud Coréen Ban Ki Moon
   mots-clés : organisation internationale, les institutions, Genève, les situations de crise, les situations d'urgence, la promotion de la tolérance, de la paix, de la solidarité, du partage, effacer les barrières linguistiques, les barrières nationales, les barrières politiques, économiques, le bien être général, la liberté, la fraternité

La problématique : la désillusion de la plupart des jeunes qui se destinent à la diplomatie et qui font un stage au Service d'information de l'Organisation internationale, un stage de 3 semaines avec 84 candidats sélectionnés dans différents pays.

La délimitation du sujet dans le temps :
Historiquement : lendemain de la Seconde Guerre mondiale
Aujourd'hui : une très grande bureaucratie

La délimitation du sujet dans l'espace géographique : à Genève

Les idées : (exprimées par les personnes interrogées)
- l'ONU fait rêver les jeunes élites du monde entier mais son image se détériore auprès des jeunes.
- avant de venir à Genève, les jeunes avaient une image très idéale des Nations Unies
- c'est une organisation qui est n'est pas indépendante, les États membres influencent les Nations Unies et qui déterminent ses interventions
- la situation au Liban est une preuve de l'inactivité des Nations Unies
- l'ONU ne joue pas le rôle qui lui est assigné à sa création en raison d'enjeux politiques
- Il y a beaucoup de problèmes d'efficacité, de problèmes de budget
- comme toutes les très grandes bureaucraties, les Nations Unies ont du mal a être efficaces
- l'organisation n'est pas proche de l'idéalisme que les jeunes futurs diplomates avaient avant de venir à Genève
- il y a des gens qui travaillent aux Nations Unies pour le titre, pour le prestige, pour le salaire, mais pas pour changer le monde, pour travailler sincèrement pour l'humanité
- le programme de 3 semaines qui date depuis plus de quarante ans est né de la volonté de faire connaître le travail des Nations Unies, de communiquer avec des étudiants, d'avoir la possibilité d'avoir un dialogue avec des jeunes (d'après la Directrice de l'Information des Nations Unies à Genève)
- le dialogue ne passe pas entre les jeunes et les diplomates
- les jeunes sont désabusés par ce qui se passe aux Nations Unies

Un exemple pour illustrer une idée :
- d'après Charlotte, aux Nations Unies, les personnes qui travaillent, oublient qu'il va falloir un jour laisser le relais aux jeunes et ne les motivent pas
La conclusion :
Les Nations Unies font peut être peu de choses, mais c'est déjà quelque chose par rapport à l'immensité des problèmes.

2. Deuxième partie : Présentation d'un point de vue argumenté
Vous présenterez votre point de vue sur le thème suivant, en une dizaine de minutes :
"Pourquoi les organisations internationales ont-elles perdu leur influence et que faire pour leur redonner de l'efficacité ?"
Vous organiserez votre discours de manière élaborée et fluide avec une structure logique et efficace qui aidera le destinataire à remarquer les points importants.

<u>Idées</u>: Si les Nations unies veulent prévenir les guerres, comme c'est leur rôle, elles doivent avoir une force permanente. Le plus grand et peut-être le seul espoir pour les victimes des génocides, agressions et massacres réside dans une force de l'ONU formée de volontaires parfaitement entraînés, hautement motivés et disposés à courir les risques nécessaires pour empêcher l'assassinat de personnes innocentes. Quand le Conseil de sécurité décide d'intervenir (souvent au terme de longs débats), il doit rassembler une force de maintien de la paix. Avant que les casques bleus n'entrent en scène, le plus souvent au bout de trois à six mois, le conflit peut avoir dégénéré en un véritable bain de sang. Les Nations Unies sont intervenues trop tard en Croatie, en Bosnie et au Rwanda. Quand il a été demandé aux pays qui ont des troupes en réserve pour l'ONU d'en dépêcher au Rwanda afin de mettre fin au génocide, pas un seul pays n'a répondu à l'appel. L'efficacité de l'ONU dans le maintien de la paix est limité, même dans des pays aussi petits que la Bosnie ou le Rwanda. Divers pays, les États-Unis et la Russie, ne respectent pas leurs obligations financières, ce qui a placé l'ONU dans une situation de crise permanente, avec très peu de moyens pour de nouvelles initiatives. En conséquence, la communauté internationale demeure toujours aussi incapable de réagir lorsqu'éclate une guerre ou que commence un massacre. Néanmoins 70 pays participent à un effectif de réserve total de 88 000 personnes en alerte. L'ONU est en train de mettre sur pied le quartier général des missions à déploiement rapide, afin de faciliter l'acheminement de son personnel sur le terrain, au moment opportun. Sept pays ont pris l'initiative de constituer une brigade de réserve à disponibilité opérationnelle immédiate. L'Autriche, le Canada, le Danemark, la Hollande, la Norvège, la Pologne et la Suède sont en train de mettre sur pied une structure de commandement unifiée, le reste du monde est en train d'établir un système judiciaire pour juger et emprisonner les responsables des génocides, des agressions et crimes de guerre. Une force volontaire de l'ONU serait également d'une précieuse utilité comme force de déploiement rapide, quand il faut sauver les victimes d'un désastre naturel.

3. Troisième partie :
Dans cette partie, vous débattrez avec le jury. Vous serez amené(e) à défendre, nuancer, préciser votre point de vue et à réagir aux propos de votre interlocuteur.

Et ma prononciation ?

Le débat privilégie la communication, les échanges de paroles et non la qualité de la transmission de ces échanges. En conséquence :
1. Ne restez pas muet, prenez la parole dés que cela est possible
2. Développez votre écoute, il y a plusieurs types d'accents, plusieurs français comme le dit Henriette Walter: "Le français d'ici, de là, de là-bas".
3. Ne recherchez pas à tout prix les félicitations des natifs: " Vraiment, vous parlez comme un Français…"
4. Faites-vous plaisir à pratiquer cette langue étrangère en sachant que vous avez un "bon"accent !

Cependant ne négligez pas de corriger certains défauts de votre prononciation pour lesquels vous éprouvez de la gêne. De plus, une bonne prononciation assure une meilleure compréhension, grâce à la perception exacte des sonorités de la langue étrangère et assure une plus grande facilité de mémorisation de ses structures.

UNITÉ 7

LE PARTAGE

Compréhension et production orales

L'avenir du français en Europe
Enregistrement de l'émission de Canal Académie
Présentation : Anny Santy de Chalon

Introduction:
Avec le Secrétaire général du Comité International pour le Français Langue Européenne présidé par l'archiduc Otto de Habsbourg, est évoqué l'un des enjeux consécutif à l'élargissement de l'Union Européenne; il s'agit de la question linguistique en Europe: "Avec quelle langue devons nous nous parler, en quelle langue devons nous nous parler?"

Rappel: pour le travail de lecture, les mots en gras peuvent être "appuyés" et les mots soulignés constituent un champ lexical. Ici: les langues.

Transcription:
- Et nous évoquons **l'un** des enjeux consécutif à l'élargissement de l'Union Européenne, un enjeu qui, **curieusement**, ne s'est pas invité dans le débat référendaire sur la Constitution, il s'agit de la question linguistique. Vous savez qu'il y a au cœur de la question européenne une question **maîtresse**: "**Avec quelle** langue devons nous nous parler, **en quelle** langue devons nous nous parler?" Et ce n'est pas une question annexe, nous allons le voir dans un instant avec Hervé Lavenir Du Buffon. Bonjour, Monsieur.
- Bonjour, Monsieur.
- Vous êtes secrétaire général du Comité International pour le français langue européenne présidé par l'archiduc Otto de Habsbourg.
- **Exactement.**
- Vous êtes **également** Président du Centre d'études et d'actions européennes, du Comité pour la Méditerranée. Un mot, peut-être, du Comité International pour le français langue européenne, de l'archiduc Otto de Habsbourg pour le restituer dans son origine historique…
- Eh bien, il s'agit d'organiser des comités pour le français langue européenne, qui groupent **maintenant** une cinquantaine d'associations nationales ou régionales. J'appelle régionales, par exemple les "Lander" en Allemagne parce qu'ils ont la responsabilité de l'Education. Et quel est le but de cette organisation? C'est par des personnes **non françaises** de faire, de mener une action d'information et de persuasion pour faire adopter le français, **si possible**, comme première langue étrangère des pays non francophones d'Europe, de l'Union Européenne et du bassin Méditerranéen. Je dois dire que, j'y reviendrai peut-être, ces étrangers croient **beaucoup** au français, à l'avenir de la langue française et en cela on voit qu'ils sont des étrangers parce que beaucoup de français n'y croient plus!
- Bruxelles à une époque où c'était l'Europe des Six…
C'était l'Europe des Six et des 4 langues officielles, français, allemand, italien, néerlandais, mais je dois dire qu'on se servait du français à 95%, pour 95% des travaux, et ça fonctionnait **très bien**, sans un mot d'anglais.
- C'est-à-dire que le français était **déjà**, de manière tacite ou naturelle, la langue de travail commune?
- **Absolument, absolument**, du fait que, y avait les lendemains de la guerre… On en était pas tellement loin, ça faisait quinze ans et puis, vous savez, entre un Italien et un Belge, il était **normal** de parler **plutôt** français que…si c'était un Flamand, que, qu'allemand. Et puis, le néerlandais… Je dois dire que tout se passait **très bien** et il a fallu l'arrivée de la Grande-Bretagne… le Général de Gaulle et Monsieur Pompidou s'en étaient rendus compte…pour troubler ce bel équilibre européen.
- L'anglais ne s'était pas invité au cœur des débats?

- Non, pas encore. **Mais** les Anglais posaient des conditions dés le départ pour accepter ce qu'ils exigeaient. C'était ainsi. **Donc**, il y a eu ensuite, il faut bien le dire, vous avez enchaîné sur cette question, je vous suis. Nous sommes **maintenant** en état de guerre linguistique en Europe, pour deux raisons, c'est que les Anglais, comme les Américains considèrent, comme Churchill, que: "les empires de demain sont les empires de l'esprit". Il disait "mind", je crois que cela veut dire "esprit" ou "intellect" et que, on considère d'autre part que si du côté américain, que si le monde adopte l'anglais comme langue dominante, c'est ce que m'a dit un sénateur américain, un jour, à Washington, ça sera **beaucoup plus** facile, un monde, un marché, une langue, une monnaie, alors, **évidemment**, on peut appeler cela **aussi** de l'impérialisme!
- Faisons un bond dans l'histoire, revenons à l'actualité, aujourd'hui 25 pays dans l'Union Européenne, la question linguistique est **déjà** un casse-tête. Il faut **déjà** en parler de cela…
- **Bien sûr**, c'est un **grand** enjeu et je pense **tout de même** que le mot casse-tête appelle des solutions et ces solutions, on peut les trouver **assez** facilement. Ce qui est surprenant, c'est que dans la Constitution, qui est soumise à référendum, comme vous le disiez, **curieusement**, on en parle **très** peu, je dirais même que la question est **pratiquement** escamotée, comme celle de la capitale, d'ailleurs. Un article, tout petit, caché dans un coin du texte dit que ces deux questions sont réglées par accord entre les gouvernements. Et bien c'est singulier, parce que la **plupart** des constitutions dans le monde entier règlent la question… du choix de la capitale ou de la langue et vraisemblablement…enfin…nous y reviendrons…Cette affaire de langue, on en reparlera, **mais**, actuellement, on peut dire que le sujet **principal** c'est de savoir, non pas ce qui se passe dans les institutions, parce que, par la force des choses, chacun **exige** que sa langue soit respectée, mais ce qui se passera au niveau des populations, quelle sera la langue qui permettra, vous le dites, c'est encore plus aigu à 27 qu'à 6, qu'à 7 ou à 15, et le tout est de savoir comment et qui est-ce qui permettra aux Européens d'avoir, **non seulement** un moyen de communication et de mobilité de la main-d'œuvre, parce que, si on parle d'économie, c'est **aussi** parce que la main-d'œuvre va pouvoir circuler à travers l'Europe, la fameuse directive Rockenstein, **c'est ça**, et bien, comment voulez-vous que la mobilité professionnelle soit assurée sans une certaine communication linguistique d'un pays à l'autre, assurée par **une** langue véhiculaire?
- Là, vous opposez les peuples aux institutions?
- Je **ne** les oppose **pas** mais je dis que **finalement** ce qui se passe dans les institutions est tout de même **beaucoup moins** important que ce qui se passe au niveau de la population générale en Europe. Comme le disait l'archiduc de Habsbourg, finalement au niveau des institutions, oui, y a un coût des traductions et interprétations simultanées…
- Combien, 11 000 interprètes?
- Euh… non, **pas autant**! Si vous calculez le nombre de filière de traductions, c'est-à-dire du français vers l'allemand, **mais aussi** du français vers toutes les autres langues, et réciproquement, on arrive à des coûts **extraordinaires**! Mais ce qui est important c'est que chacun puisse s'expliquer dans **sa** langue, et nous, ce que nous avons proposé depuis longtemps, c'est d'adopter une langue pivot, c'est-à-dire une langue vers laquelle on traduit **toutes** les interventions, par exemple en français et ensuite du français vers les autres, ça diminue **quand même** considérablement le nombre des filières, si je me suis…
- Un détail, est-ce qu'aujourd'hui il existe des interprètes pour traduire du lituanien en maltais?
- (rires) C'est difficile à trouver, c'est **très** difficile à trouver. On est obligé de passer par d'autres langues, enfin, il faut dire que la réalité, c'est que, **pratiquement**, le français, comme l'anglais, et même l'allemand, pour Malte, l'italien sont **suffisamment** connus pour qu'on trouve **presque toujours** un maltais qui parle italien ou français et ou…
- On revient à un premier cercle de langues…
- Oui puisque nous parlons de maltais, je vous signale que comme dans **beaucoup** d'autres langues européennes, on trouve **beaucoup de** mots français dans la langue de Malte qui est à dominante, pour ses origines, d'arabe, mais c'est dû sans doute aux Chevaliers de Malte qui ont introduit dans la vie quotidienne des Maltais **beaucoup de** mots français.
- Bon, la question linguistique, à l'échelle européenne, sur le plan institutionnel, c'est **quand même** une chose qui doit être résolue. **Il faut** trouver une solution.
- **Absolument**, il ne faut pas l'escamoter comme on l'a fait…
- Mais est-ce **vraiment** un souci pour les hauts fonctionnaires européens, dans la mesure où l'anglais, on y vient, l'anglais, de toute évidence, est, aujourd'hui, la langue véhiculaire?
- **Non**, excusez-moi, dans les institutions européennes, on ne peut pas simplifier comme ça. Dans **toutes** les institutions judiciaires de l'Europe, c'est **nettement, très nettement**, c'est le français qui domine, à la Cour de justice, **tout** se fait en français. Dans la Cour des Droits de l'Homme, à Strasbourg, on peut en dire autant, qu'on le veuille ou non…

- Et pourquoi?
- Pour une raison **très** simple, c'est que le français est une langue latine, héritière du latin de la romanité, a une sorte de prédisposition pour le droit, et dans le droit, on ne peut pas plaisanter, **faut** que se soit précis. C'est ce qui en fait **également** la langue diplomatique. Rappelez-vous, on l'a cité **bien souvent**, et c'est vrai, les incidents auxquels a donné lieu, ou les discussions interminables auxquelles donnent lieu certaines, enfin, tel ou tel texte des Nations Unies sur l'évacuation des territoires…
- Au Proche-Orient…
- **des** territoires ou **de** territoire, en français, c'est très clair, si vous dites: les territoires, ce sont les territoires, si..
- L'anglais n'a pas d'article partitif qui permette de préciser les choses?
- **Absolument, absolument**, et **si** le français est devenu la langue diplomatique du monde, elle l'est restée, elle l'est restée, **en dépit** des défaites de la France après les guerres napoléoniennes ou la guerre de 1870, ce n'est pas dû, ça prouve **bien** que… la prédominance du français dans le domaine diplomatique n'était pas dû à un pouvoir ou à une puissance dominante de la France, mais **aussi** aux qualités propres à la langue.
- Mais cette prédominance demeure?
- **Oui**, et puis je crois qu'il ne faut pas oublier une chose, **c'est**, c'est une interprétation que peuvent soutenir **nombre de**, avec beaucoup de raisons, nombre d'historiens. Le destin du français et le destin de l'Europe a **toujours** été très lié, à partir du moment où l'Europe émerge des sombres années du…, de l'antiquité tardive et du Moyen Age, une langue apparaît **tout de même**, en dehors du latin, bien sûr, c'est la LINGUA FRANCA, la langue des Francs. **Et pourquoi**? Marco Polo a écrit son *Livre des Merveilles* **en français**. Dans des royaumes du Levant, après les Croisades, **c'était** le français qui était la langue commune, on l'oublie un peu trop. **Pourquoi**? Parce que le français est, en quelque sorte, la langue carrefour de l'Europe. Il est aux confins de la latinité et de la germanicité. N'oubliez pas que l'anglais est le fils, un peu bâtard, du français, né de la rencontre des guerriers, des Seigneurs de Normandie, avec la population anglaise qu'ils colonisaient. L'Angleterre a été notre première colonie et si on dit encore "Honni soit qui mal y pense" et "Dieu est mon droit", c'est parce que le français était la langue de la Cour, et pas seulement de la Cour, mais la langue de toutes les élites en Angleterre, jusqu'au dix-septième siècle. Et bien, le français, à la limite ou entre les pays latins et germaniques, a influencé, a influencé aussi toutes les autres langues de l'Europe. Aussi, y a 70 à 72% des mots anglais qui viennent du vieux français, sans parler de ceux qui sont un peu cachés, vous connaissez le mot "tennis" qui vient de ce que l'on se criait au début de la partie de jeu de paume: "tenez, tenez", y a aussi beaucoup de mots auxquels on ne pense pas, comme "to fail": manquer de, et bien, c'est la défaillance que l'on retrouve, ou d'autres mots, comme "to griev": le grief.
- C'est très amusant d'ailleurs d'avoir une double lecture des termes linguistiques…
- Et bien, on s'aperçoit que le français a donné énormément de mots à l'anglais, beaucoup plus que l'anglais nous en a donné, et puis ça reste vrai pour beaucoup d'autres langues, pour le russe, pour le slave, pour le suédois…
- Vous parlez russe couramment?
- Oh…c'est une belle langue et, mon Dieu vous savez, apprendre une langue, c'est aussi, aussi s'embarquer pour un autre pays, une autre civilisation, j'allais dire d'autres rêves, si, toutes les langues sont faciles, en fait!

Plus d'écoute attentive

Relever des nombres

Afin de bien prendre note d'un nombre entendu dans un document oral, il vous faut: être attentif au moment du passage de ce nombre, le noter ensuite phonétiquement parce qu'il est rapidement énoncé, puis de vérifier en le prononçant qu'il correspond à l'écoute dont vous avez le souvenir.
Si vous hésitez, prononcez les nombres à voix basse: deux ou douze, la différence apparaît avec la prononciation du "z". Cent-quatre-vingt-sept ou cent-quatre-vingt-dix-sept, la différence apparaît par la plus grande longueur du second nombre.
Sachant que les chiffres restent une difficulté dans une langue étrangère, entraînez-vous et recherchez des "trucs" pour améliorer vos compétences.

Exercice 1

1. Dans les extraits suivant, retrouvez les nombres entendus:
a) C'était l'Europe des **Six** et des **4** langues officielles, mais je dois dire qu'on se servait du français à **95%**, pour **95%** des travaux, et ça fonctionnait très bien, sans un mot d'anglais.
b) Quelle sera la langue qui permettra, vous le dites, c'est encore plus aigu à **27** qu'à **7** ou à **15**, et le tout est de savoir comment et qui est-ce qui permettra aux Européens d'avoir, un moyen de communication.
c) Le français est devenu la langue diplomatique du monde, elle l'est restée, en dépit des défaites de la France après les guerres napoléoniennes ou la guerre de **1870**.
d) Aussi, y a **70, 72%** des mots anglais qui viennent du français.

Plus d'intonation

Les différents accents français

Les accents sont des témoins de la vie des locuteurs francophones et révèlent leur lieu d'habitation. Il y a l'accent belge, suisse, canadien. Il y a aussi des accents régionaux, l'accent de Marseille, de Toulouse, d'Alsace, de Paris. Les prononciations du français sont le résultat des différentes langues qui se sont côtoyées au cours du temps, comme l'alsacien avec l'allemand, le corse avec l'italien, le catalan avec l'espagnol. Les accents témoignent de la variété des prononciations du français dans les divers endroits où il se parle. En effet, l'accent témoigne d'une appartenance géographique et aussi sociale. L'accent des banlieues accentue certaines parties d'une phrase, a une intonation particulière, ainsi qu'un rythme caractéristique.

Exercice 1

1. Dans cet extrait de slam, quels sont les éléments textuels qui vous renseignent sur le niveau de langue de l'énonciateur?

J'voudrais faire un slam pour cette banlieue nord de Paname qu'on appelle Saint-Denis
Si t'aimes voyager, prends le tramway et va au marché. En une heure, tu traverseras Alger et Tanger.
Tu verras des Yougos et des Roms, et puis j't'emmènerai à Lisbonne.
Après le marché on ira ché-mar rue de la République, le sanctuaire des magasins pas chers
La rue de la République mène à la Basilique où sont enterrés tous les rois de France, tu dois le savoir ! Après Géographie, petite leçon d'histoire. C'est pas une ville toute rose mais c'est une ville vivante. Il s'passe toujours quelqu'chose, pour moi elle est kiffante
J'veux écrire une belle page, ville aux cent mille visages, St-Denis-centre mon village
J'ai 93200 raisons de te faire connaître cette agglomération. Et t'as autant de façons de découvrir toutes ses attractions.

Saint Denis: extrait de l'album de Grand Corps Malade *Midi 20*

À noter: le "langage des cités" amuse, fascine, amuse par son inventivité, par exemple : "*Il est trop mystique le prof de français, il vient à l'école en vélo !*", le mot "mystique" désignant ici une personne au comportement étrange, différent, atypique. L'exotisme du "parler jeune" explique le succès des dictionnaires de la cité, leur introduction folklorisante dans les émissions de télévision, mais attention leur usage peut être "décalé" dans certains milieux.

Plus de sons

Les sons [ʒ] et [ ].

Pour bien prononcer les sons [ʒ] comme dans "jeune" et [ ] comme dans "chose", il faut chercher la différence par :
- l'entourage de voyelles aiguës: [i], [y]
- une position initiale
- l'entourage des voyelles arrondies [y] [u]
- l'entourage des consonnes labiales [p], [b], [m], [f]

Exercice 1

1. Indiquez si les sons [ʒ] ou [ʃ] se trouvent dans les mots suivants :
   - bouche   jambe   asile   plaisir
   - zone   sur   cher   méchant
   - âge   chatte   jeune   reçu

2. Indiquez si le son [ʃ] se trouve dans le premier ou le deuxième mot des paires suivantes :
   - soie - choix   chêne - scène   chez - ses
   - broche - brosse   gens - chant   choix - joie

3. Indiquez se le son [ʒ] se trouve dans le premier ou le deuxième mot des paires suivantes :
   - j'ai - chez   mange - manche   boucher - bouger
   - jaune - zone   rase - rage   gage - gaz

4. Combien de fois entendez-vous le son [ʒ] et le son [ʃ] dans les phrases suivantes ?
   - La neige et la glace bouchent les chemins de la région :
   - L'ingénieur et le chirurgien cherchent des choix à Bruges :
   - Jeanne change sa chemise orange et sa jupe jaune :

Épreuves d'examen

1. Première partie : Présentation du document sonore

FICHE

La situation de communication :
La transmission : une émission de Canal Académie
Le caractère du document : public, vouvoiement des interlocuteurs
Les locuteurs : un journaliste et secrétaire général du Comité International pour le français langue européenne
L'intention des locuteurs : informer sur la réalité et la diversité linguistique en Europe et promouvoir une langue pivot.

L'objet d'étude : LES LANGUES

Le thème : Les langues en Europe

Le concept :
   définition : faire du français la langue européenne
   mots-clés : un moyen de communication, la question linguistique, langue commune, langue latine, langue véhiculaire, langue diplomatique, langue carrefour

La problématique :
la question linguistique en Europe: "Avec quelle langue devons nous nous parler, en quelle langue devons nous nous parler?"

La délimitation du sujet dans le temps :
Historiquement : après les guerres napoléoniennes ou la guerre de 1870, prédominance du français dans le domaine diplomatique, de l'antiquité tardive et du Moyen Age, le destin du français et le destin de l'Europe a été très lié
Aujourd'hui : aujourd'hui 25 pays dans l'Union Européenne

La délimitation du sujet dans l'espace géographique : l'Europe

Les idées :
- mener une action d'information et de persuasion pour faire adopter le français comme première langue étrangère de l'Union Européenne et du bassin Méditerranéen
- beaucoup de Français ne croient plus à l'avenir de la langue française
- l'Europe des Six fonctionnait très bien, sans un mot d'anglais
- le français était de manière tacite ou naturelle, la langue de travail commune
- dans la Constitution Européenne, on parle très peu de la question linguistique
- le français est une langue latine et a une sorte de prédisposition pour le droit
- le français est devenu la langue diplomatique du monde
- il faut un moyen de communication pour assurer la mobilité de la main-d'œuvre à travers l'Europe
- le français, à la limite ou entre les pays latins et germaniques, a influencé, a influencé aussi toutes les autres langues de l'Europe
- il faut adopter une langue pivot

Un exemple pour illustrer une idée :
- l'anglais n'a pas d'article partitif qui permet de préciser les choses en diplomatie

La conclusion :
Le français a donné énormément de mots à l'anglais, ça reste vrai pour beaucoup d'autres langue. Apprendre une langue, c'est aussi, aussi s'embarquer pour un autre pays, une autre civilisation.

2. Deuxième partie : Présentation d'un point de vue argumenté
Vous présenterez votre point de vue sur le thème suivant, en une dizaine de minutes :

"Pourquoi faudrait-il une langue commune aux Européens et comment justifieriez-vous son choix?"

Vous organiserez votre discours de manière élaborée et fluide avec une structure logique et efficace qui aidera le destinataire à remarquer les points importants.

Idées: La diversité linguistique du continent européen est une des richesses culturelles du "Vieux Continent", même si les langues peuvent apparaître comme étant une barrière entre les peuples, elles sont au contraire source de richesse, de curiosité culturelle et d'ouverture d'esprit. La diversité des langues nous ouvre des portes qui s'étendent bien au-delà des frontières européennes. Avec quelques 43 langues parlées sur le continent européen, l'Union Européenne ne compte que 11 langues officielles : allemand, français, anglais, italien, espagnol, néerlandais, portugais, grec, suédois, danois et finnois. Ces 11 langues peuvent être regroupées en 4 familles : latines (français, italien, espagnol et portugais), germaniques (allemand, anglais, hollandais et suédois), helléniques (grec), finno-ougriennes (finnois). En plus de leur langue maternelle, 53 % des européens connaissent au moins une langue européenne et 26 % connaissent 2 langues étrangères. La langue la plus connue par les européens est l'anglais (41 %), suivi par le français (19%), l'allemand (10%), l'espagnol (7%) et l'italien (3%).

3. Troisième partie : Dans cette partie, vous débattrez avec le jury. Vous serez amené(e) à défendre, nuancer, préciser votre point de vue et à réagir aux propos de votre interlocuteur.

Simulation de débat
Même si vous ne partagez pas ces points de vue, entraînez-vous à les défendre, à les nuancer et à les préciser.
Défendre ces points de vue:
L'Union Européenne peut encore accueillir de nouveaux membres.
L'Union Européenne ne doit plus accueillir de nouveaux membres.

La langue anglaise peut être la langue commune aux Européens.
La langue française peut être la langue commune aux Européens.

Les diverses langues en Europe posent des problèmes insurmontables.
Les différentes langues parlées en Europe ne constituent pas un problème insurmontable.

Les langues des petits pays européens sont négligeables.
On doit tenir compte en Europe de la diversité linguistique.

Nuancer ces points de vue: (proposez une fin aux débuts de phrases)
C'est vrai qu'une langue commune faciliterait les relations, mais………………………………..
C'est vrai que traduire dans plusieurs langues est coûteux, mais………………………………
C'est vrai que le français a été une langue de l'occupation, mais………………………………
C'est vrai que si on a envie, une langue étrangère est facile à apprendre, mais………………

Préciser ces points de vue: (proposez une fin aux débuts de phrases)
En Europe, il faut sauvegarder la diversité linguistique, c'est-à-dire………………………………
Il n'y a pas que les Français qui défendent leur langue, mais aussi………………………………
Une solution, c'est d'adopter une langue véhiculaire ou pivot, c'est-à-dire…………………….
Une langue diplomatique c'est une langue qui ……………………………………………………

UNITÉ 8

LA DIVERSITÉ

Compréhension et production orales

La francophonie
Enregistrement de l'émission RFI; Danse des mots du 20.01.2006
Présentation : Yvan Amar et Sophie Mallet

Introduction:
Dans le cadre du Festival francophone de Limoges, Yvan Amar a rencontré Guy Junior Régis, un auteur de théâtre pour lui poser quelques questions sur les particularités des langues qu'on parle dans son pays en Haïti. Ces langues qu'on parle à la Caraïbe, ou à Maurice ou en Guyane, restent énigmatiques. Il y a un mystère du créole ou des créoles. Chaque créole à des particularités et surtout un emploi et un usage très spécifique. De même qu'il y a un rapport très particulier à l'ancienne langue des maîtres, le français.

Rappel: pour le travail de lecture, les mots en gras peuvent être "appuyés" et les mots soulignés constituent un champ lexical. Ici: les langues.

Transcription:
- Bonjour, on le sait **bien**, il y a un mystère du créole, **du** créole ou **des** créoles, une langue, des langues qui défient à la fois l'usage du singulier et du pluriel. Est-ce qu'il y a **un** ou **plusieurs** créoles ? **Bien sûr**, il y en a plusieurs. **Mais** les étroites parentés qui existent entre ces langues qu'on parle à la Caraïbe ou à Maurice ou en Guyane, restent **extrêmement** énigmatiques. Pourtant chaque créole a des particularités et **surtout** un emploi, un usage **très** spécifique. De même qu'il y a un rapport très particulier à l'ancienne langue des maîtres. Alors à Limoges, cette année, dans le cadre du Festival Francophone, j'ai rencontré Guy Junior Régis qui est un acteur de théâtre que je connaissais **déjà** pour l'avoir vu et avoir admiré son travail l'an dernier **en particulier** avec la pièce "Sévices Violences Sévices", cette année, il était en résidence et je lui ai posé quelques questions, **justement** sur les particularités des langues qu'on parle dans son pays en Haïti.
- Guy Junior Régis, vous êtes haïtien, vous parlez le français, vous l'avez appris quand ?
- Je l'ai appris depuis mon enfance, **dés** le premier jour où tu vas à l'école. Trois ans, quatre ans, tu apprends à parler français, **tous** les cours que tu as, tu les fais en français.
- **Donc**, ça devient la langue, parce que les enfants quand ils arrivent à l'école, ils ne parlent pas le français encore, quand ils ont cinq ans, à quel âge, quatre, cinq ans?
- Faut faire attention parce qu'il y a une petite minorité quand même de francophones en Haïti. J'aime **bien** dire francophone en Haïti parce que les Haïtiens, ils y pensent **pas du tout** qu'ils sont francophones. Ils pensent que c'est la langue française, je pense que ça doit être pareil pour les autres.
- C'est-à-dire, quelle est la différence ? Quelle différence vous faites ?
- Pour nous, la langue française, c'est une langue qu'on a hérité de la France pendant la colonisation mais la politique ne l'accompagne **pas** parce que la France n'a **pas**, ne nous a **pas** gardés sous sa tutelle jusqu'à, je sais pas, dans les années 50, comme les pays en Afrique, et que Haïti c'est un pays libre depuis 200 ans. Pour nous, c'est une langue qui n'accompagne **pas** la tutelle française. On pensait que c'était lié à la colonisation **mais** c'est un mot qu'on utilise plus, on ne va **pas** parler de colonisation quand on parle de langue, on va dire ce qui, oui, les Français d'avant voilà ce qu'ils nous ont laissé, ça reste un legs, ça reste, **même si** maintenant 95% de la population parle créole… et qu' y a un autre rapport avec cette langue qui est… c'est une langue qu'on met à côté, qu'on regarde, qu'on dit **mais** c'est vrai qu'on parle français, et pendant tourte mon enfance, à l'école, on a été obligé d'apprendre le français mais maintenant qu'est-ce que c'est qu'on en fait ? **Voilà**, on se pose la question, et je pense que ce serait bien qu'il y ait des débats comme ça en Haïti sur la francophonie pour qu'on se dise: "**Mais** on est francophones et qu'est-ce qu'on en fait ? "
- Il y a des gens en Haïti qui apprennent le français **avant** d'apprendre le créole ?
- **Non**.
- Ca n'existe pas quoi ?

www.francaisplus.com   ÉDITIONS FRANÇAIS PLUS

- Ca n'existe pas. Dans ton enfance, tu entends celui qui parle créole.
- Première langue pour **tout** le monde, c'est le créole.
- La première langue pour **tout** le monde, **même** ceux qui n'ont **pas du tout** envie que ce soit leur langue, ou qui disent, parce que c'est ce qu'on apprenait à l'école, les Frères W, ils disaient que "le créole c'est la langue des cochons" et on te disait que le créole, il fallait **pas** parler, mais à la maison, **normalement**, tout le monde parle créole.
- Et le français, c'est **vraiment** la langue de l'enseignement, **donc**, vous le disiez, **même** dans les petites classes, **même** quand on est petit. **Donc** on arrive la plupart du temps, les Haïtiens, les petits enfants quand ils arrivent à l'école, ils ne parlent **pas encore** le français, puis, ils sont jetés dans un bain français !
- **Ben oui**, ils savent faire. Par exemple, j'ai ma fille, ma fille a 7 ans, avec ma femme on s'était dit, c'est mon ex-femme, on s'est dit on va pas rapidement lui parler en français parce qu'à la maison, nous, on parle français, on pourrait …
- Vous parlez français entre vous ?
- **Oui**, enfin, je ne parle pas français avec elle, **mais** on sait qu'on parle français et qu'on pourrait dès sa tendre enfance lui parler en français, **mais** comme nous vivions dans un… avec d'autres enfants qui eux parlent créole, dans un environnement créolophone, c'était pour nous **assez** difficile de parler français avec elle, vu que le français est **toujours** accompagné de sorte d'ascendance sur le créole et que le petit enfant qui parle le français rapidement, il est **supérieur** à l'autre enfant qui parle créole parce que c'est une **petite** minorité qui est francophone. **Donc**, on a évité et maintenant je…, je pense qu'on a pas **totalement** raison, parce que, **bon** cette langue nous appartient et qu'il fallait parler avec notre fille, lui apprendre la français, **mais en même temps** on se disait, enfin, avec l'âge, à l'école, elle va apprendre à parler français comme nous nous avions appris à parler français.
- **Donc** vous étiez confiants, là, dessus cette façon ?
- On était confiants et **même maintenant**, quand elle a 8 ans, la question, on pose la question autrement parce que je pense qu'elle a **plein** de problèmes dans sa tête comme le petit enfant qui arrive à l'école et qu'on parle une langue, qu'on lui apprend des chansons dans cette langue, elle dit :"mais ça vient d'où?" et elle met cette langue dans une boîte, une boîte qu'elle ouvre à des moments où elle en a **vraiment** besoin, par exemple si elle va à l'école et qu'elle a besoin de demander quelque chose à sa maîtresse, elle va parler en français. Si elle a besoin de quelque chose, elle vient me voir, elle parle en français. **Donc** elle l'utilise à bon escient, comme ça.
- **Alors** ce qui est intéressant c'est de voir que le français est **encore** senti comme une langue supérieure. Est-ce qu'il y a une obligation **de ne pas** parler le créole dans les écoles? Est-ce que les instituteurs, les institutrices interdisent?
- Y a ce qu'on appelle "le pensum", quand j'étais à l'école, on me donnait ça, tu parlais créole et on te passait ça alors ce qu'on faisait…
- Alors c'est quoi "le pensum"; c'est une punition ?
- C'est une punition. **En fait**, on te donne une pièce. Chaque personne qu'on entend parler créole, on te donne une pièce et à la fin de la semaine, si tu as reçu cette pièce plusieurs fois, et ben on te donnait des lignes à faire, à remplir un cahier, ou d'autres punitions parce que dans les écoles haïtiennes on continue encore à frapper les gamins. **Donc** d'autres punitions comme te tabasser ou…
- Il y a des humiliations? Y a ça, comme y a pu avoir ça en France par exemple, en Bretagne, on raconte que, il y a longtemps, à la fin du 19ème, début 20ème, on humiliait les enfants qui parlaient pas le français, qui parlaient breton entre eux, c'est un peu pareil ?
- **C'est pareil.**
- Alors Guy Junior Régis, ce qui est intéressant **aussi** c'est de voir que le français, même si c'est une langue, disons aussi populaire que le créole, c'est le terreau d'une culture populaire puisque vous dites on apprend des comptines, on apprend des chansons en français ?
- Alors, c'est **très** populaire, on apprend pas que ça: **toutes** les chansonnettes françaises. Le rapport avec la France, la France qui est partie après 1804, est revenue avec les chansonnettes françaises, **mais** je dis bien avec les chansonnettes françaises.
- Alors c'est quoi ces chansonnettes ?
- Les chansons d'amour: "Je suis une femme amoureuse", des chansons comme ça, ou Michel Sardou, des comptines…
- Vous pensez qu'il y a quelques chansons haïtiennes qui sont **justement** françaises, des chansons d'enfant qui sont, soit composées là-bas, soit simplement détournées ?
- "Il était une bergère et ron et ron petit patapon…" , des heures comme ça…**Non**, y pas de chanson, y a pas de chanson en créole traduite, **d'ailleurs**, on ne va pas accepter ça à l'école, le prof, il va pas accepter. Il a…C'est pour ça que c'est un héritage qu'on veut garder. C'est un héritage qu'on a, y a,enfin, trois siècles parce qu'ils sont arrivés en 1655 les Français et ils font **très** attention dans les

écoles pour se dire: "écoutez, là c'est du français". Il y a très longtemps parce qu'en Haïti, les livres qu'on a les livres qu'on a, parce qu'on apprenait des livres français **aussi**, des livres édités en France, parce qu'on a un langage **assez** livresque, des années 50-55, tu vas voir, les livres, c'est des années 50-55.
- Et ça n'a pas été renouvelé ? **Donc** vous apprenez le français à l'ancienne presque, puisqu'il y a deux générations …
- Oui, oui, le français âgé, donc justement, on est **assez** choqués quand on entend une faute. Moi, je discute avec un Français une fois et je parlais d'adverbes, il me disait: "mais comment tu fais pour connaître tout ça?", parce que c'était pour nous, cet étage là, on veut le garder et on tient en quelque sorte, de causer, d'user de cette langue là !
- **Donc**, en quelque sorte, vous apprenez le français presque de Troisième République, le français du début de l'école laïque, du Certificat d'études, le bon français, avec des pleins et des déliés et pas de faute d'orthographe !
- **Pas de faute** d'orthographe! Alors ça, c'est pour ça que, aussi, le créole a maintenant tout ce pouvoir, parce que quand tu parles français et que tu ne fais pas attention en Haïti, aïe, aïe, aïe…Rapidement, on trouve que c'est…
- On est encore **plus** mal vus…
Oui, ah oui, oui, on est **très** mal vus… Tu peux **pas** commettre une faute!
- C'est le français des cochons comme le créole est la langue des cochons, **non seulement** faut parler **mais** faut parler un **bon**…
- Faut parler **un très bon** français, tout le monde…
- Il y a un purisme important, y a pas de … est-ce qu'on peut dire des "haïtismes", des formes françaises qui sont propres à Haïti, des façons de parler, des images…
- **Justement**, c'est puristes, ils vont jamais mettre des … ils veulent pas. Je pense que **oui**, des écrivains comme Jacques Stéphane Alexi dans "Combat général soleil", y a, ou Jacques Roumain, y a des mots comme ça qui ont, **oui**, qui sont éjectés dans le français.
- C'est de la licence poétique ?
- **Voilà**, parce que ce sont des écrivains qui manient **parfaitement** le français qui se permettent d'aller au-delà. **Oui, oui**, ils se permettent d'aller au-delà et ils… mais quand ces écrivains là vont prononcer une conférence, ils savent **très bien** qu'ils sont en Haïti, qu'ils vont parler en véritables **puristes** de la langue.
- La danse des mots, Yvan Amar.
- **Alors** un dernier mot sur la pratique de la langue en Haïti, est-ce que, quand vous parlez créole, vous parlez créole et quand vous parlez français, vous parlez français? Ou est-ce que, de temps en temps, il y a des situations où on peut mélanger et passer **facilement** de l'un à l'autre ?
- Les Antillais font **tous** ça, je pense. On passe d'une langue à l'autre et ça, ça crée de la schizophonie.
- C'est un joli mot la schizophonie !
- C'est un mot de Franck Etienne, il a un texte ça s'appelle "L'oiseau schizophone", on passe d'une langue à l'autre et des fois on se comprend **pas non plus**, des fois on se dit " qu'est-ce qu'on parle là ?"… Est-ce qu'on parle français ou est-ce qu'on parle créole ? On est **pas du tout** à l'aise quand on parle et le créole et le français et quand on parle les deux aussi, on se dit "**mais** est-ce qu'on arrivera à me comprendre?" Parce que les Port au Princiers, par exemple, ceux qui habitent pas Port au Prince, la capitale, ils ont un créole **tout à fait** francisé.
- Qu'est-ce que ça veut dire un créole **tout à fait** "francisé" ?
- Ben avec des mots comme … parce qu'y a aussi les puristes du créole qui disent que pour parler créole, faut parler comme paysan, un paysan et par exemple, quand tu parles, je veux dire à Port au Prince, tu peux pas dire "Potauprince", je vais dire, par exemple "les Hogan", c'est un lieu d'Haïti , je vais pas dire "Yogan", mais les gens de la province vont dire "Yogan", en tout cas, la majorité de la province, c'est pas tous ceux de la province…
- Y a des accents ?
- Y a des accents comme ça, les gens de la campagne, ils disent "Potauprince", ils disent "potauprince", "potauprince", moi, je vais dire PORT-AU-PRINCE, Port-au-Prince, je vais prononcer plus en français qu'en créole, parce qu'en créole, il y a pas ce "R" là, il y a le "W". **Bien sûr**, quand on parle, je pense dans la ville, on fait **plus** attention à ce qu'on dit parce que le créole **aussi** est toujours influencé par le créole, **un petit peu** par les langues africaines, **un petit peu** par les langues amérindiennes qui existaient avant. On a des mots comme ça, plein de mots espagnols aussi, ce qui fait que, quand on parle le créole, bien sûr, on parle les deux, on voyage entre les deux, **même** quand on dit un mot créole, on le dit… Alors ce qui est drôle c'est que, en Martinique et en Guadeloupe, je pense que, eux, ils parlent le créole **plus** francisé que nous, ça veut dire qu'ils respectent les

prononciations des mots en français alors que nous on respecte **moins** les prononciations en français, mais je pense qu'il y a un développement de la langue qui est **plus** grand parce que c'est une langue qui a quand même 200 ans !

Haïti: île des Grandes Antilles, entre Cuba et Porto Rico, environ 80 000 km², 14 millions d'habitants, divisée entre la République d'Haïti, francophone et la République de Saint Domingue, hispanophone. Port-au-Prince est la capitale de l'île d'Haïti qui a été découverte par Christophe Colomb en 1697, puis attribuée à la France par le traité de Ryswick. En 1804, après l'expulsion des Français, l'île est déclarée indépendante.

Les départements d'outre-mer comme la Martinique, la Guyane, les Antilles; les territoires d'outre-mer comme la Nouvelle-Calédonie, la Polynésie française sont d'anciennes colonies qui sont restées françaises.

Le créole: type de langues formées par contact entre les langues des esclaves africains et celles des Européens vivant dans les colonies. Elles sont devenues les langues maternelles des communautés issues de ces populations: les créoles français, antillais, réunionnais, les créoles anglais, portugais, néerlandais, espagnol.

Plus d'écoute attentive

Pour rendre compte

Il s'agit de savoir présenter le compte rendu d'un document oral, discussion, débat, pour permettre à un auditeur qui n'y a pas assisté de se le représenter de façon suffisante, de savoir ce qui a été dit. Ce qui est demandé, c'est de rapporter **l'essentiel** des informations et des opinions échangées, non de transcrire l'intégralité des interventions. Il faut donc **condenser** les propos tenus. Il s'agit plutôt de réorganiser ce qui a été entendu, de réduire les propos en s'efforçant de dégager les thèmes et les préoccupations qui se sont manifestée aux différents moments de la discussion. Pour cela, il faut faire attention à la progression de la discussion, aux moments importants et aux différents aspects du thème évoqué. La présentation d'un compte rendu oral demande: précision du vocabulaire, vérification de la cohérence et de la correction syntaxique.

Exercice 1

1. Quel est le condensé qui correspond le mieux au texte entendu? C'est le texte B.

A. Le créole est influencé par le français, l'espagnol et d'autres langues de la colonisation. On enseigne le français à l'école, les enfants sont toujours punis s'ils parlent mal ou mélangent les langues. Il est ridicule d'apprendre de vieilles chansons qu'on ne sait même plus en France. Les Antillais sont fous des langues, ils souffrent de schizophonie.

B. Il n'existe pas un créole mais plusieurs créoles. Les habitants des Caraïbes, de l'île Maurice, de la Guyane parlent différents types de créoles influencés par les langues africaines ou espagnole, et parlent le français hérité de la colonisation. Si le français parlé est un peu vieilli, il est voulu correct, de toute manière 95% de la population parle créole, et l'on passe facilement d'une langue à l'autre.

Plus d'intonation

Le français tel qu'on le parle

Il n'est pas rare d'entendre un touriste, un étudiant s'exclamer: "*Les Français ne parlent pas le français que j'ai appris!*" ou "*ce n'est pas du français!*", ou "*chaque français a une autre façon de parler*", ou encore,"*c'est un autre français que celui qu'on apprend à l'université!*".

Le français entendu dans les rues ne correspond pas au français appris dans les manuels. En effet, les formes orales ordinaires prononcées par les français sont pour les apprenants étrangers très éloignées du français qu'ils ont appris, comme :
- *c' mec est trop !*
- *il en a b'(z)oin d'c'truc là ?*
- *j'ai une pêche d'enfer !*

- au fait, faut qu'(ch)'te di(z): on part
- c't-à-dire ? Que dalle!
- c'est qu'j'dois partir aux (z)alentours d'onz' heures
- t'as pas'd'chance,

La compréhension est parfois indigeste...Néanmoins, après un séjour en France, on remplacera vite les emplois classiques de *bien/beau* par *super/génial* comme le font les Français!

Des trucs pour parler comme eux:
- ne pas respecter les segmentations de l'écrit (*il vient me voir et il me dit*)
- former des groupes rythmiques différents de l'écrit (normalement: *c'est que je dois partir aux alentours de onze heures*)
- réduire les syllabes de l'écrit et dire: *p'tit déj, l'appart, le resto, la fac...*
- oublier les /e/ de l'écrit (normalement: *il faut que je te dise*)
- parler à l'envers
- Ce sont des caractéristiques qui jouent un rôle déterminant pour la réception/compréhension du français parlé, c'est-à-dire pour l'accès au sens.

Exercice 1

Les mots "meuf" (femme, fille), "keuf" (flic), "keum" (mec), "remps" (parents) sont des mots à l'envers.
a) Essayez de retrouver le sens de :
    Il est zarbi ce type!   C'est ouf!   Il est bizarre ce type!   C'est fou!
b) Essayez de créer des mots en verlan en changeant l'ordre des syllabes.

Plus de sons

Les sons tels qu'on les entend

Lorsque 2 mots se prononcent de la même façon, ils sont homophones mais, comme ils s'écrivent différemment ils sont hétérographes.
Par exemple: ver, verre, vert, vers, vair ou: port, pores, porc et encore: mer, maire, mère...
C'est le contexte dans lequel se trouve le mot qui vous donnera son écriture et son sens exacts.
Par exemple: un filtre à café / un philtre d'amour, un fond de bouteille / un fonds de commerce, écrire un mot / avoir des maux, l'Occident / l'oxydant, le thon / le ton, la tante / l'attente / la tente...
Transcrire les sons tels qu'on les entend, c'est ce que font les utilisateurs du téléphone portable dans un souci d'économie. Ainsi, on transmet plus rapidement un message:
"je RST" : je reste ou "je suis NRV" : je suis énervé !

Exercice 1

Essayez de retrouver le sens de ces abréviations utilisées dans les textos des téléphones portables:
    6ne : cinéma   A + : à plus   a2m1 : à demain
    Cpa5pa : c'est pas sympa   dak : d'accord   JTM : je t'aime
    KDO : cadeau   Koi29 : quoi de neuf   RDV : rendez-vous

Épreuves d'examen

1. Première partie : Présentation du document sonore

FICHE

La situation de communication :
La transmission : une émission radio
Le caractère du document : émission diffusée pour les auditeurs de Radio France International, le présentateur utilise le vouvoiement, la personne interrogée passe parfois au tutoiement et son registre de langue est plus familier, il ne respecte pas toujours les constructions syntaxiques.
Les locuteurs : le journaliste et un homme d'origine étrangère mais francophone
L'intention des locuteurs : il s'agit de raconter l'aventure linguistique des Antilles et de faire connaître la langue des autochtones: le créole.

L'objet d'étude : LES LANGUES
Le thème : La cohabitation du français et du créole
Le concept :
- définition : les créoles sont les langues qu'on parle à la Caraïbe ou à Maurice ou en Guyane et qui ont des particularités, des emplois, des usages spécifiques alors que la langue française, c'est une langue héritée de la France pendant la colonisation
- mots-clés : la langue de l'enseignement, la langue des maîtres, le bon français, les fautes d'orthographe, les prononciations

La problématique : quelle langue parler: le créole ou le français?

La délimitation du sujet dans le temps :
Historiquement : Haïti c'est un pays libre depuis 200 ans, les Français sont arrivés il y a trois siècles, en 1655, la France est partie après 1804, il y a des livres des années 50-55, en France à la fin du 19ième, début 20ième, on humiliait les enfants qui parlaient pas le français, qui parlaient breton entre eux.
Aujourd'hui : maintenant 95% de la population parle créole

La délimitation du sujet dans l'espace géographique :
- en Haïti, à la Caraïbe, à Maurice, en Guyane

Les idées :
- les Haïtiens sont francophones
- la langue française est un héritage de la France pendant la colonisation mais la politique ne l'accompagne pas parce que la France n'a gardé sous sa tutelle Haïti
- la première langue pour tout le monde, et pas le français
- à l'époque de la colonisation, il ne fallait pas parler créole, mais à la maison, normalement, tout le monde parle créole.
- les Haïtiens parlent un français un peu vieilli, "livresque", et sont très pointilleux sur les fautes d'orthographe
- les habitants de la capitale Port au Prince ont un créole tout à fait "francisé".
- le créole, qui existe depuis 200 ans, a été influencé par les langues africaines, les langues amérindiennes

Un exemple pour illustrer une idée :
- autrefois on te disait que le créole "le créole c'est la langue des cochons" et on te punissait si tu parlais créole

La conclusion :
Le créole est une langue jeune qui continue à se développer.

2. Deuxième partie : Présentation d'un point de vue argumenté
Vous présenterez votre point de vue sur le thème suivant, en une dizaine de minutes :

"Toutes les langues sont-elles importantes et comment favoriser le plurilinguisme?"

Vous organiserez votre discours de manière élaborée et fluide avec une structure logique et efficace qui aidera le destinataire à remarquer les points importants.

Idées: entre 6 000 et 7 000 langues et plusieurs dizaines de milliers de dialectes sont parlés dans le monde selon l'UNESCO, plus de 50 % sont menacées de disparition (une langue disparaît en moyenne toutes les deux semaines) et environ 96 % ne sont parlées que par 4 % de la population mondiale. On estime à environ 1 milliard le nombre de locuteurs chinois (mandarin), à près de 1 milliard celui de locuteurs anglais, à 900 millions le nombre de locuteurs espagnols (450 millions), à 320 millions celui de locuteurs russes et à 250 millions celui de locuteurs arabes. Le français est la 12e langue la plus parlée dans le monde avec 125 millions de locuteurs. Il fait partie des six langues officielles de l'ONU avec l'anglais, le chinois, l'espagnol, le russe et l'arabe et des trois langues de travail de l'ONU avec l'anglais et l'espagnol.

3. Troisième partie :
Dans cette partie, vous débattrez avec le jury. Vous serez amené(e) à défendre, nuancer, préciser votre point de vue et à réagir aux propos de votre interlocuteur.

Simulation de débat
Faites comme dans l'unité 7, même si vous ne partagez pas ces points de vue, entraînez-vous à les défendre, à les nuancer et à les préciser.

Défendre ces points de vue:
Il vaut mieux bien connaître sa langue maternelle avant d'apprendre des langues étrangères.
Il faut commencer très jeune l'apprentissage des langues étrangères.

Les parents doivent transmettre à leurs enfants leurs différentes langues.
Les enfants apprendront à l'école les langues de leur choix.

Nuancer ces points de vue: (proposez une fin aux débuts de phrases)
Apprendre des chansons aide à l'apprentissage d'une langue étrangère, mais…................
Une langue n'est pas "étanche", fermée aux influences des autres langues, au contraire….....
Passer d'une langue à une autre ne rend pas "fou", au contraire…....................................

Préciser ces points de vue: (proposez une fin aux débuts de phrases)
Il n'y a pas de langue supérieure à une autre parce que…...
Une langue diplomatique c'est une langue qui …...
Etre exigeant sur la correction d'une langue signifie…..

TEST 1
Document : **La violence à la télévison**

C2 COMPRÉHENSION ET PRODUCTION ORALES (50 POINTS)

Vous allez entendre <u>deux fois</u> un enregistrement sonore de 15 minutes environ.

- Vous écouterez une première fois l'enregistrement en vous concentrant sur le document. Vous êtes invité(e) à prendre des notes.
- Vous aurez ensuite trois minutes de pause.
- Vous écouterez une deuxième fois l'enregistrement.
- Vous aurez alors une heure pour préparer votre intervention.
  Cette intervention se fera en trois parties:
  1. **présentation du document sonore**
  2. **développement personnel à partir de la problématique proposée dans la consigne**
  3. **débat avec le jury**

1. MONOLOGUE SUIVI: PRÉSENTATION DU DOCUMENT
Vous devez présenter, en cinq minutes environ, le contenu du document. Vous aurez soin de reprendre l'ensemble des informations et points de vue exprimés. Vous organiserez votre présentation selon une structure logique et efficace qui facilitera l'écoute pour le destinataire.

2. MONOLOGUE SUIVI: POINT DE VUE ARGUMENTÉ
Vous présenterez votre point de vue sur le thème suivant, en une dizaine de minutes.
"Pourquoi accuser la télévision dans la recrudescence de la violence et comment protéger les jeunes téléspectateurs ?"
Vous aurez soin d'organiser votre discours de manière élaborée et fluide avec une structure logique et efficace qui aidera le destinataire à remarquer les points importants.

3. EXERCICE EN INTERACTION: DÉBAT
Dans cette partie, vous débattrez avec le jury. Vous serez amené(e) à défendre, nuancer, préciser votre point de vue et à réagir aux propos de votre interlocuteur.

Enregistrement de l'émission *Au fil des pages* sur Canal Académie

Introduction:
Les programmes de télévision ont-ils un réel effet sur la violence? Près de 4000 études affirment que l'impact est modeste. S'il est vrai que l'influence est limitée, pourquoi tant d'études ont-elles été menées? Explications à travers une intervention lue par Hélène Renard et Virginia Crespeau: "Les effets de la violence à la télévision, ce que la sociologie peut apporter à la réflexion".

Mots difficiles:
la corrélation : le rapport entre 2 phénomènes qui varient l'un en fonction de l'autre
plausible : du latin "digne d'être applaudi", qui est admissible, vraisemblable, qui est possible et logique
la catharsis : du grec "purification", selon Aristote, c'est l'effet de "purgation des passions" produit sur les spectateurs d'une représentation dramatique.

Rappel: pour le travail de lecture, les mots en gras peuvent être "appuyés" et les mots soulignés constituent un champ lexical. Ici: la violence.

Transcription:
C'est une édition un **petit peu** hors du commun que l'émission *Au fil des pages* que nous vous présentons aujourd'hui sur Canal Académie, en fait, nous fêtons les pages d'un rapport, ou plutôt de différentes communications prononcées lors d'un colloque, un colloque organisé à la Fondation Saint Jean de Pauliniac, le mardi 29 avril 2003, concernant les jeunes, l'éducation et <u>la violence</u> à la télévision. Pendant une journée, de **nombreux** invités, académiciens et non-académiciens se sont succédés à la tribune pour évoquer cet **important** <u>problème de société</u> notamment soulevé et répondre à la question: "Les programmes de télévisions ont-ils un réel effet sur la violence ?"

Près de 4000 études affirment **en effet** que l'impact est modeste **alors** s'il est vrai que l'impact est limité, **pourquoi** tant d'études ont-elles été menées ?
Je vous propose de retrouver Hélène Renart et Virginia Crespo dans la lecture de la communication prononcée par Raymond Boudon, membre de l'Académie des Sciences Morales et politiques, à l'occasion de ce colloque au mois d'avril 2003 donc, communication autour des effets de la violence à la télévision, précisément ce que la sociologie peut apporter à la réflexion.

- De **très** nombreuses études s'interrogent sur le point de savoir si les sujets ont **plus** de chance de manifester des comportements de violence lorsqu'ils ont été davantage exposés à des émissions violentes à la télévision. Est-ce que les individus manifestent des comportements **parce qu'**ils ont regardé des images violentes, **ou bien** est-ce qu'ils regardent des images violentes **parce qu'**ils ont des prédispositions ou une attirance pour la violence?
- C'est parce qu'il a effectué une étude qui lève cette hypothèse que le nom de Wessmann, 1997, est parmi ceux les **plus** couramment cités sur le sujet de la relation entre violence et média. Cette étude a consisté à observer un échantillon de 856 élèves à plusieurs reprises, ces élèves ont été observés une **première** fois à l'âge de 8 ans, devenus adolescents puis adultes, ils ont été observés une **seconde** et **troisième** fois à 18 et 30 ans. L'étude a notamment révélé une corrélation statistiquement **significative** entre la consommation de programmes violents à 8 ans et la probabilité de connaître à 30 ans des ennuis judiciaires. Elle a montré **d'autre part** que la consommation de programmes violents de télévision au jeune âge est corrélée avec le fait que le sujet reconnaisse à 18 ans avoir des comportements agressifs. Cette corrélation est de 0,31, elle est donc réelle, de façon **non pas certaine**, mais plausible, elle est dépourvue d'ambiguïtés, s'agissant du sens de la causalité mais elle est modeste. Dans l'hypothèse où ces résultats peuvent être tenus pour **généralisables**, elle nous dit que la consommation de programmes télévisés violents explique, **au mieux**, moins de 10% de la variabilité des comportements de violence.
- Sommairement, cela signifie que la violence des comportements est due à **toutes sortes** de causes statistiquement **bien plus** importantes que le poids relatif des programmes violents dans cet ensemble de causes, et au plus inférieur à un dixième, **ou encore que,** si par un coup de baguette magique, on supprimait ces programmes, la violence baisserait, **au mieux**, dans des proportions **très** modestes. Car on est en fait **jamais sûrs** d'avoir neutralisé **toutes** les variables responsables de la corrélation. On imagine, sans difficulté, par exemple, que certains traits de caractère se forment avant 8 ans et qu'ils conduisent à aimer **à la fois** la violence et les images de violence, on peut aussi imaginer qu'il existe des prédispositions d'origine génétiques, inclinant le sujet à la violence, le poussant **à la fois** à aimer les images de violence et à pratiquer des actes de violence. Or, il semble bien que des études récentes aient mis en évidence l'existence de telles prédispositions à la violence.
- **Si** malgré ces objections, Wessmann et ses collaborateurs paraissent croire à une **légère** influence des images de violence sur les comportements de violence, c'est qu'ils estiment que les **modestes** corrélations mises en évidence par leurs études est le résultat de mécanismes réels. Leur hypothèse à cet égard est que, des programmes de comportements sont élaborés dans l'enfance à partir des expériences auxquelles l'enfant a été exposées. Ces programmes de comportements, ou dans le langage de Wessmann, ces "scripts" de conduite fournissent au sujet des guides qu'il mobilise ensuite dans **telle** ou **telle** circonstance. **Ainsi**, en cas de conflit, le sujet qui aura été abreuvé d'images où les conflits sont résolus de manière violente aura tendance à résoudre par la violence les situations de conflits dans lesquelles il aura l'occasion de se trouver. Selon cette théorie, qualifiée de "script theory", les programmes violents ne causent pas la violence directement **mais** indirectement en proposant au sujet des modèles ou des guides de comportements.
- D'autres mécanismes ont été proposés pour expliquer ces corrélations, certains comme Berkowitz, en 1984, **soutiennent que** les images violentes auraient pour effet de faire apparaître dans l'esprit du sujet, au premier plan de son attention, les conflits dans lesquels il est engagé et d'orienter son comportement vers une résolution violente de ses conflits. Il explique **sans doute** certains épisodes singuliers où la violence télévisuelle apparaît comme ayant des effets ponctuels et à court termes sur le comportement.
- D'autres, comme Banduram, 1986, ont proposé des hypothèses d'inspiration **franchement** behaviouriste, hypothèses que l'on qualifie de "social learning theory": la télévision initierait l'enfant à la violence et légitimerait dans son esprit les comportements de violence, un peu comme l'école initie l'élève au calcul et légitime cette activité dans son esprit.
- **Tous** ces mécanismes sont plausibles, **mais** la discussion critique à laquelle ces études ont donné naissance a **justement** souligné, **d'une part** que la plupart de ces mécanismes hypothétiques ne sont **pas** directement observables, **d'autre part** que l'on a guère de moyens de mesurer leur importance statistique dans la genèse des comportements violents.

- Ainsi, Friedman, 1993, a montré, à partir d'une étude expérimentale avec groupe de contrôle, qu'un groupe d'enfants de 9 à 14 ans, à qui on projette des films violents à raison d'une séance par semaine, pendant 2 mois, a tendance à manifester des conduites agressives avec une **plus grande** fréquence qu'un groupe de contrôle.
- Mais le résultat principal qui semble émerger de cet **immense** corpus de recherches que j'évoquais en commençant, est **encore une fois** que l'incidence de la violence télévisuelle sur les comportements de violence dans l'enfance, et surtout dans l'adolescence, est **sans doute** très modeste, d'un point de vue statistique, quant aux mécanismes explicatifs de ces faibles corrélations, pour beaucoup d'entre eux, ils sont **surtout** hypothétiques.
- S'il est vrai que les effets de la télévision sur la violence sont modestes, **pourquoi donc** 3500 études sur la question? **Essentiellement** parce que l'on tend à **surestimer** les effets de la télévision en raison de la place dominante qu'elle occupe dans les sociétés modernes.
- Je me contente pour finir d'épingler une question que je n'ai pas du tout abordée et qui est **pourtant** fondamentale par rapport aux questions que je viens d'évoquer: "Comment définir la violence?" Il est difficile d'imaginer œuvres **plus violentes** que l'*Œdipe Roi* de Sophocle ou la *Médée* d'Euripide. Sur la foi d'Aristote, ces œuvres ont **pourtant** été longtemps inscrites aux programmes des écoles. La représentation de la violence produirait un effet cathartique, elle assouvirait le besoin de violence et empêcherait, par la suite, que ce besoin ne se manifeste par des comportements violents. Des études ont été également conduites **sur** cette théorie, leurs résultats sont fragiles, contradictoires, sujets à controverse, et l'on peut dire **que** la théorie de la catharsis est tout sauf démontrée. **Mais**, ce qui est sûr, c'est que personne n'a jamais songé, à ma connaissance, à émettre et à chercher, à tester l'hypothèse selon laquelle la théâtre classique grec serait source de violence. Car il faut distinguer entre la violence racontée, celle du théâtre grec, et la violence montrée, celle d'*Orange mécanique*, par exemple, entre la violence physique et la violence morale, surtout entre la violence porteuse de sens et celle qui ne fait qu'exprimer la cruauté. **Or** si la distinction entre ces 2 catégories existe de toute évidence, il n'est pas **facile** de lui associer des critères **précis**.
- C'est **évidemment** aux images correspondant à ce dernier type de violence, celles qui ne paraissent avoir d'autre fin que de représenter la cruauté qu'on tend à prêter **plus** de pouvoir qu'elles n'en ont **effectivement**. On comprend facilement qu'elles rebutent et inquiètent et que, quand la médiocrité ou la vulgarité viennent **de surcroît** se surajouter à des images porteuses de violences brutales, le téléspectateur moyen se prenne bien normalement à rêver d'une autre télévision, éventuellement à envisager des mesures de régulation **plus** contraignantes. **Mais**, on peut toujours **éteindre** son récepteur, ou **zapper** vers d'autres programmes. **En outre**, dans une société ouverte, **force est** de prendre acte de la loi de la demande. **Or** cette loi peut conduire à des effets que certains considèreront normalement comme indésirables. Il existe, par exemple, une demande du public, dont témoigne la presse dite "people" pour qu'on lui présente des célébrités. Comme le stock de célébrités fondées sur le talent et la performance, grands acteurs, sportifs de haut niveau, etc…, ne suffit pas à satisfaire cette demande, le marché y a normalement répondu du côté de l'offre par la création de vedettes dont la célébrité n'est fondée **sur rien**. Je crois que c'est dans cette direction qu'il faut rechercher l'origine d'émissions comme "loft story"et aussi le secret de leur succès.
- Je crois **finalement** que la question de l'influence de la représentation télévisuelle de la violence doit surtout l'importance qu'on lui accorde à une représentation un peu mythique **mais récurrente** du pouvoir de la télévision et aussi au fait que, sous l'effet de la demande de certaines parties du public, soient mises sur le marché des émissions qui heurtent normalement la sensibilité d'autres parties du public. Les solutions de bon sens qui ont été adoptées jusqu'ici, un peu partout dans les sociétés démocratiques: mettre en garde les parents des jeunes enfants, empêcher que les images violentes ne soient visibles aux heures où les enfants regardent la télévision, faire confiance aux producteurs, recueillir les avis des téléspectateurs, etc…sont **bonnes**. Elles sont **bonnes** parce qu'elles collent au réel.
- **Ainsi** l'un des mécanismes dont on peut être à peu près sûr qu'il soit réel est que la vision de la violence peut tendre à désinhiber les jeunes enfants par rapport aux comportements de violence. Il est **donc excellent** de recommander la programmation des images violentes à des heures tardives, lorsque les enfants ne regardent **plus** la télévision. Faut-il aller au-delà? J'ai voulu apporter ici quelques éléments de réflexion, mon rôle de sociologue, tel que je le conçois, ne m'autorise pas à aller plus loin.
- **Mais** la conclusion que je souhaiterais surtout mettre en évidence à la suite de ces brèves remarques est que le levier de toute lutte contre la violence, **notamment** des adolescents, est à rechercher **surtout** du côté d'une politique agissant sur les mécanismes générateurs de violence très réels et **très** puissants que j'évoquais tout à l'heure. Du côté une politique **efficace**, visant à ce que les sociologues appellent l'intégration sociale, un état de chose idéal, où chacun se sentirait, indépendamment de ses

origines, également respecté et doté d'un avenir dans la cité. Et d'une politique **efficace** en matière d'éducation et **aussi bien sûr** de dissuasion.

ÉPREUVES D'EXAMEN

1. MONOLOGUE SUIVI: PRÉSENTATION DU DOCUMENT
Pour vous aider à présenter le contenu du document, aidez-vous de la fiche.

FICHE
La situation de communication :
La transmission : une émission sur Canal Académie
Le caractère du document : il s'agit d'une communication publique
Les locuteurs : il y a deux interlocutrices qui sont des sociologues
L'intention des locuteurs : il s'agit d'informer et de réfléchir aux effets de la violence à la télévision
L'objet d'étude : LA SOCIOLOGIE
Le thème : la violence à la télévision
Le concept :
    définition : la consommation de programmes télévisés violents explique, **au mieux**, moins de 10% de la variabilité des comportements de violence.
    mots-clés : la consommation de programmes violents, la violence télévisuelle, le problème de société, des prédispositions d'origine génétiques, les effets de la télévision sur la violence, manifester des conduites agressives, une résolution violente des conflits, la lutte contre la violence, les mécanismes générateurs de violence

La problématique :
Les programmes de télévision ont-ils un réel effet sur la violence?

La délimitation du sujet dans le temps :
Historiquement : des études de sociologues ces dernières années
Aujourd'hui : -

La délimitation du sujet dans l'espace géographique : -

Les idées :
- une étude a révélé une corrélation statistiquement significative entre la consommation de programmes violents à 8 ans et la probabilité de connaître à 30 ans des ennuis judiciaires et que la consommation de programmes violents de télévision au jeune âge est corrélée avec le fait que le sujet reconnaisse à 18 ans avoir des comportements agressifs.
- la consommation de programmes télévisés violents explique moins de 10% de la variabilité des comportements de violence.
- des études récentes ont mis en évidence l'existence de telles prédispositions à la violence.
- en cas de conflit, le sujet qui aura été abreuvé d'images où les conflits sont résolus de manière violente aura tendance à résoudre par la violence
- l'incidence de la violence télévisuelle sur les comportements de violence dans l'enfance, dans l'adolescence, est très modeste
- on a tendance à **surestimer** les effets de la télévision en raison de la place dominante qu'elle occupe dans les sociétés modernes.
- il faut distinguer la violence racontée, la violence montrée, la violence physique et la violence morale

Un exemple pour illustrer une idée :
- les scènes de violence dans le théâtre grec

La conclusion :
Il y a toujours des solutions: mettre en garde les parents des jeunes enfants, empêcher que les images violentes ne soient visibles aux heures où les enfants regardent la télévision, faire confiance aux producteurs, recueillir les avis des téléspectateurs. Il faut recommander la programmation des images

violentes à des heures tardives. Il faut avoir une politique efficace en matière d'éducation et aussi de dissuasion.

2. MONOLOGUE SUIVI: POINT DE VUE ARGUMENTÉ

Vous présenterez votre point de vue sur le thème suivant, en une dizaine de minutes :

"Pourquoi accuser la télévision dans la recrudescence de la violence et comment protéger les jeunes téléspectateurs ?"

Vous organiserez votre discours de manière élaborée et fluide avec une structure logique et efficace qui aidera le destinataire à remarquer les points importants.

<u>Idées</u>: la violence télévisée peur rendre les enfants plus susceptibles d'avoir un comportement agressif, les garçons semblent plus vulnérables aux émissions violentes que les filles. Lorsque les enfants regardent des émissions agressives, ils apprennent de nouveaux moyens d'exprimer leur agressivité et déterminent eux-mêmes si un tel comportement pourra leur apporter satisfaction, ils voient parfois des personnages qui obtiennent ce qu'ils veulent par la violence. Les enfants peuvent en venir à accepter un comportement plus agressif chez les autres, ils peuvent devenir plus craintifs, croyant que la violence est aussi répandue dans la vie qu'à la télé. La télévision n'a pas toujours une influence négative, les effets positifs des émissions éducatives pour enfants l'emportent sur les effets négatifs de la violence à la télé. Si la violence au petit écran contribue à rendre les enfants plus agressifs, ce n'est là qu'une petite partie du problème global, d'autres facteurs dans la vie d'un enfant peuvent avoir une bien plus grande influence que la télé, par exemple, on s'aperçoit que les enfants d'âge préscolaire à qui l'on a donné des fusils et d'autres jouets "violents" pour s'amuser commettent plus d'actes agressifs que des enfants du même âge ayant simplement regardé une émission comportant des scènes de violence. Le comportement des parents est un autre facteur important qui détermine dans quelle mesure un enfant sera agressif. Il sera inutile de contrôler les émissions que regardent les jeunes si les parents font semblant de ne pas voir ou approuvent un comportement agressif chez leur enfant ou s'ils s'énervent trop facilement eux-mêmes. Par ailleurs, les parents qui montrent à leurs enfants des moyens de régler sans violence des problèmes, qui constamment remarquent les efforts de leurs enfants et les félicitent pour avoir trouvé des solutions pacifiques aux conflits, auront des enfants moins agressifs.

3. EXERCICE EN INTERACTION: DÉBAT

Dans cette partie, vous débattrez avec le jury. Vous serez amené(e) à défendre, nuancer, préciser votre point de vue et à réagir aux propos de votre interlocuteur.

TEST 2

Document : **La France prépare mal l'avenir de sa jeunesse**

C2 COMPRÉHENSION ET PRODUCTION ORALES   (50 POINTS)
Vous allez entendre <u>deux fois</u> un enregistrement sonore de 15 minutes environ.

- Vous écouterez une première fois l'enregistrement en vous concentrant sur le document. Vous êtes invité(e) à prendre des notes.
- Vous aurez ensuite trois minutes de pause.
- Vous écouterez une deuxième fois l'enregistrement.
- Vous aurez alors une heure pour préparer votre intervention.
  Cette intervention se fera en trois parties:
    1. présentation du document sonore
    2. développement personnel à partir de la problématique proposée dans la consigne
    3. débat avec le jury

1. MONOLOGUE SUIVI: PRÉSENTATION DU DOCUMENT
Vous devez présenter, en cinq minutes environ, le contenu du document. Vous aurez soin de reprendre l'ensemble des informations et points de vue exprimés. Vous organiserez votre présentation selon une structure logique et efficace qui facilitera l'écoute pour le destinataire.

2. MONOLOGUE SUIVI: POINT DE VUE ARGUMENTÉ
Vous présenterez votre point de vue sur le thème suivant, en une dizaine de minutes.

"Pourquoi les jeunes ne trouvent-ils plus leur place dans la société et comment éviter les conflits de générations ?"

Vous aurez soin d'organiser votre discours de manière élaborée et fluide avec une structure logique et efficace qui aidera le destinataire à remarquer les points importants.

3. EXERCICE EN INTERACTION: DÉBAT
Dans cette partie, vous débattrez avec le jury. Vous serez amené(e) à défendre, nuancer, préciser votre point de vue et à réagir aux propos de votre interlocuteur.

Enregistrement de l'émission de Canal Académie: Michel Albert, Secrétaire Perpétuel de l'Académie des Sciences morales et politiques, présente le livre "La France prépare mal l'avenir de sa jeunesse". Emission proposée par: Marianne Durand-Lacaze.

Introduction:
Michel Albert, le Secrétaire Perpétuel de l'Académie des Sciences Morales et Politiques présente le livre qui vient d'être publié en janvier 2007: "La France prépare mal l'avenir de sa jeunesse". Les thèmes abordés dans cet ouvrage sont: le dualisme du système d'éducation et le déséquilibre entre les générations.

Rappel: pour le travail de lecture, les mots en gras peuvent être "appuyés" et les mots soulignés constituent un champ lexical. Ici: les jeunes.

Transcription:
- Michel Albert, le Secrétaire Perpétuel de l'Académie des Sciences Morales et Politiques est l'invité de l'émission "Eclairage" de Canal Académie, pour présenter le livre que l'Académie des Sciences Morales et Politiques vient de publier en janvier 2007, au Seuil: "La France prépare mal l'avenir de sa <u>jeunesse</u>". Deux thèmes fondamentaux sont abordés dans cet ouvrage: le dualisme du système d'éducation, deux thèmes fondamentaux supplémentaires sont abordés dans cet ouvrage: le dualisme du système d'éducation, chapitre deux et le déséquilibre nouveau entre <u>les générations</u>, le troisième chapitre. Mais dans les deux premières parties de l'ouvrage, vous décrivez des situations duales, entre intégrés et exclus. Michel Albert, pouvez-vous nous parler de ce dualisme?
- Nous disons, dans une première partie, à propos du marché du travail, qu'il y a La France prépare mal l'avenir de sa <u>jeunesse</u> n'est-ce pas.

- Des travailleurs, entre 30 et 55 ans…
- 30 et 55 ans, c'est le bel âge, c'est si vous voulez le bel âge pour le travail. **Donc**, il y a un dualisme du marché du travail en France. Et puis, il y a **aussi** un dualisme du système d'éducation, c'est-à-dire que, **dans** l'intention, **dans** la volonté du législateur en France, **dans** la période récente, ce qu'on a voulu c'est essayer détendre ce qui avait été fait pour l'école primaire sous la troisième République avec Jules Ferry notamment, c'est-à-dire l'enseignement pour **tous** et non plus l'enseignement primaire, puisque c'est acquis depuis cette époque, mais l'enseignement secondaire pour tous, avec comme ligne d'horizon 80% des jeunes Français qui ont le bac, vous savez que c'était la formule de Jean-Pierre Chevènement, n'est ce pas? Et puis, d'autre part, **autant que** possible, que les jeunes Français continuent à aller à l'université et pour cela, le point est **central**, c'est que, il ne faut pas établir de sélection à l'entrée à l'université. Cela résulte d'une loi de 1984, loi Savary, qui donne **le droit**, à **tous** les étudiants de choisir **leur** université, de choisir **leur** discipline, et qui interdit aux universités la sélection à l'entrée. Elles doivent ouvrir leurs portes à **tous** les étudiants qui se présentent.
- Alors, Michel Albert, quelles sont les conséquences de l'accroissement de l'accès **justement** aux études supérieures, à cet accès à l'enseignement pour **tous**?
- Et bien, il y a **trois** grandes conséquences, la première grande conséquence c'est que, il y a une élite des Grandes Ecoles soumises à une sélection **très forte** qui recrutent un nombre d'étudiants qui n'a **pas** augmenté, il a augmenté de 15% en une génération.
- **Alors ça** c'est intéressant de le noter…
- C'est **formidable**…
- Puisque partout, **sur tous** les autres établissements, en l'occurrence les universités, les effectifs ont augmenté…
- Les effectifs ont été multipliés par 3 ou 4…
- De façon **spectaculaire**, sauf celui des Grandes Ecoles…
- Sauf les Grandes Ecoles…
- L'effectif a augmenté **mais**…de façon insignifiante: 15%
- Bon, alors, **première catégorie**, c'est cela qu'on voit, c'est l'Ecole Normale Supérieure, c'est Polytechnique, c'est l'ENA, etc… et ces Grandes Ecoles offrent des conditions d'enseignement **tout à fait** excellentes pour les **heureux** bénéficiaires de la sélection et les ouvrent **directement** sur des emplois de **bonne** qualité, sur des emplois qui leur permettent d'échapper **complètement** au chômage. **Mais** je crois que ce qu'il faut **bien souligner**, c'est qu'il s'agit là d'une sélection qui se fait au profit des enfants de milieu de plus en plus favorisés. Il y avait autrefois, dans ces Grandes Ecoles, environ le quart des élèves provenant de milieu défavorisés, **en particulier** du monde ouvrier, n'est ce pas, aujourd'hui, ouvriers, employés, aujourd'hui, ce n'est plus le quart, c'est quelque chose comme 2 ou 3% seulement…Bon, les Grandes Ecoles sont réservées aux catégories les plus favorisées de la population, voilà la situation **de fait**. On part d'une volonté d'égalité pour **tous**, on aboutit à cette ségrégation **de fait** que je viens de vous indiquer. Premier point, **deuxième point**, à l'opposé des Grandes Ecoles, vous avez, je l'ai dit tout à l'heure, les universités qui n'ont **pas le droit** de sélectionner à l'entrée, alors elles accueillent la plus grande partie des étudiants. Elles les accueillent et puis, année après année, elles leur font passer des examens. Certains réussissent, d'autres ne réussissent pas. Ceux qui ne réussissent pas sont les exclus du système, et sur une classe d'âge de 750 000, n'est-ce pas il y a à peu près 150 000 jeunes Français qui sortent du système scolaire et universitaire **sans avoir aucune** espèce de diplôme, ce sont, **par conséquent** des prolétaires de la formation, des prolétaires de l'Education scolaire et universitaire… **Là encore**, on a voulu faire **l'égalité pour tous**, on aboutit à **une grande inégalité** et même à une certaine ségrégation, c'est tellement vrai que, il en résulte que le taux de chômage des jeunes Français est très élevé. Je vous donne simplement une comparaison, taux de chômage moyen de la population, en France comme en Allemagne: 9%, taux de chômage des jeunes en Allemagne; à peu près la même chose: 11%, et taux de chômage des jeunes en France: 22%! 22%! J'ajoute que, dans les zones **difficiles**, dans les banlieues à problèmes, c'est plutôt du 40% au lieu du 20%. Là encore, vous voyez, les inégalités et j'ajoute aussi que, parmi les jeunes chômeurs qui sortent du système scolaire sans diplôme, il y a 26% des enfants de chômeurs, 12% sont des enfants d'ouvriers et 1,2% des enfants de cadres. Le rapport entre le pourcentage des jeunes chômeurs, qui sont des enfants de cadres d'une part 1,2% et d'autre part ceux qui sont des enfants de chômeurs, c'est-à-dire 26%, est **de 1 à 20!** Il y en a **20 fois plus** dans la deuxième catégorie, c'est vous dire comment, **partant** de bonnes intentions, nous avons vu tout à l'heure, la bonne intention du partage du travail, à laquelle tout le monde est tenté de souscrire naturellement…partant **d'une autre** bonne intention, qui est d'ouvrir le **plus largement possible** l'enseignement à tous, d'une manière gratuite d'ailleurs, n'oubliez pas que l'enseignement supérieur en France est quasi gratuit, sauf dans un petit nombre d'écoles, telles que les écoles de commerce…

- **Oui, mais** aussi beaucoup de jeunes étudiant travaillent pour pouvoir parvenir à leurs besoins...
- **Beaucoup moins** qu'à l'étranger, beaucoup moins qu'à l'étranger...
- Mais ce sont des phénomènes récents...
- Il n'est pas facile...Ils travaillent le plus souvent sous la forme de **stages** et de **stages** qui sont souvent des **stages** d'exploitation plutôt que de préparation à la vie professionnelle.
- Alors, parleriez-vous d'un échec de la société française avec ce modèle de formation inadaptée?
- Je ne dis pas qu'il y a un échec **global** de la société française, je dis que, dans ce domaine, nous avons **régressé**. Nous étions, il y a une génération, un pays considéré comme ayant un **très** bon système de formation, **tout à fait** compétitif au plan international. Nous voyons aujourd'hui que, s'il est vrai que toute la partie professionnalisante de notre enseignement, c'est-à-dire les Grandes Ecoles, c'est-à-dire les écoles que nous appelons les petites écoles, qui se développent en marge des universités, et à l'initiative privée, **dans bien des cas**, à côté de cela, il y a une **grande** masse de jeunes qui ont passé des années dans des universités de la formation dite générale, **sans aucun** contact avec le monde du travail et qui, par conséquent, les pauvres, sont plus ou moins voués au chômage, à un chômage qui est une **véritable plaie** pour notre pays!
- **Alors effectivement**, dans cette partie de l'ouvrage, vous insistez **beaucoup** sur cette université coupée du monde du travail...
- **Mais oui**, elle est coupée du monde du travail, alors que dans la plupart des pays modernes aujourd'hui, **par tous** les bouts, l'université essaie de répondre aux besoins des entreprises, de former des cadres supérieurs correspondant à ceux que demandent les entreprises... Chez nous, **traditionnellement**, il n'y a **aucun** contact entre les uns et les autres. **Heureusement**, des progrès ont commencé à se faire!
- Michel Albert, dernière question, l'ouvrage propose-t-il des solutions?
- **Non**, nous sommes l'Académie des Sciences Morales et Politiques, nous ne sommes **pas** un parti politique, nous ne nous présentons **pas** aux élections. Notre fonction n'est **pas** de prendre parti et encore moins de dire si, à notre avis, un tel a raison, un tel a tort, ce n'est **pas** notre métier. Notre métier, c'est de prendre conscience des réalités, d'essayer de leur donner une signification et de continuer à l'éducation, en quelque sorte civique, de nos concitoyens.

ÉPREUVES D'EXAMEN

1. MONOLOGUE SUIVI: PRÉSENTATION DU DOCUMENT
Pour vous aider à présenter le contenu du document, aidez-vous de la fiche.

FICHE
La situation de communication :
La transmission : la radio Canal Académie
Le caractère du document : enregistrement public, vouvoiement des interlocuteurs
Les locuteurs : une journaliste qui interroge l'écrivain d'un livre
L'intention des locuteurs : il s'agit de faire prendre conscience du problème de l'enseignement français
L'objet d'étude : L'ENSEIGNEMENT
Le thème : les déséquilibres du système d'éducation français
Le concept :
    définition : en étant partis d'une volonté d'égalité pour tous, d'accès à l'enseignement pour tous, on aboutit à l'inverse, à des inégalités, à des déséquilibres
    mots-clés : l'université, les écoles, les générations, les déséquilibres, les exclus du systèmes, les défavorisés, le chômage

La problématique :
Le taux de chômage des jeunes Français est très élevé malgré l'accès pour tous à l'enseignement

La délimitation du sujet dans le temps :
Historiquement : depuis la troisième République avec Jules Ferry on a privilégié l'enseignement pour tous, lorsque Jean-Pierre Chevènement était ministre de l'Education on s'est orienté vers un taux de réussite au Bac de 80% des jeunes Français
Aujourd'hui : aujourd'hui, il y a comme 2 ou 3% d'enfant de milieu défavorisés dans les Grandes Ecoles, actuellement le taux de chômage des jeunes en France est de 22%

La délimitation du sujet dans l'espace géographique : en France

Les idées :
- la France prépare mal l'avenir de sa jeunesse
- il n'y a pas d'égalité de générations dans le monde du travail
- il n'y a pas d'égalité des chances dans l'enseignement
- les Grandes Ecoles font une sélection au profit des enfants de milieu de plus en plus favorisés
- les étudiants des Grandes Ecoles trouvent directement du travail
- il y a des inégalités sociales
- le système de formation français régresse
- les universités de la formation dite générale n'ont pas de avec le monde du travail

Un exemple pour illustrer une idée :
- parmi les jeunes chômeurs qui sortent du système scolaire sans diplôme, il y a 26% des enfants de chômeurs

La conclusion :
Il n'y a pas de propositions de solutions, l'Académie des Sciences Morales et Politiques n'ayant pas de pouvoir.

2. MONOLOGUE SUIVI: POINT DE VUE ARGUMENTÉ

Vous présenterez votre point de vue sur le thème suivant, en une dizaine de minutes :

"Pourquoi les jeunes ne trouvent-ils plus leur place dans la société et comment éviter les conflits de générations ?"

Vous organiserez votre discours de manière élaborée et fluide avec une structure logique et efficace qui aidera le destinataire à remarquer les points importants.

Idées: en 1950, 44% de la population était âgée de moins de 25 ans en Europe mais la part de la jeunesse diminue. En 2030, 28% de la population française aura moins de 25 ans. En France, plus d'un cinquième des jeunes actifs de 15/24 ans est à la recherche d'un emploi. A titre de comparaison, l'Allemagne se distingue en Europe par un taux de chômage des jeunes relativement proche du taux de chômage global. En France, seul un tiers des jeunes a cette chance. La durée des périodes de chômage est deux fois plus importante en France qu'en Allemagne. Aujourd'hui, les jeunes sont moins contestataires que leurs aînés, d'ailleurs plus de la moitié des jeunes estiment que leurs conditions de vie vont s'améliorer dans les cinq prochaines années. L'idée de guerre des âges est encore assez peu répandue en France. La mobilisation politique des jeunes reste faible. Il faut désormais inventer un "développement intergénérationnel durable". En attendant, le scénario le plus probable est que les jeunes générations vont payer pour les plus anciennes. Mais pour savoir si l'avenir des jeunes d'aujourd'hui sera bon ou mauvais, il faut attendre…

3. EXERCICE EN INTERACTION: DÉBAT

Dans cette partie, vous débattrez avec le jury. Vous serez amené(e) à défendre, nuancer, préciser votre point de vue et à réagir aux propos de votre interlocuteur.

TEST 3

Document : **La culture, vecteur de développement?**

C2 COMPRÉHENSION ET PRODUCTION ORALES (50 POINTS)
Vous allez entendre <u>deux fois</u> un enregistrement sonore de 15 minutes environ.

- Vous écouterez une première fois l'enregistrement en vous concentrant sur le document. Vous êtes invité(e) à prendre des notes.
- Vous aurez ensuite trois minutes de pause.
- Vous écouterez une deuxième fois l'enregistrement.
- Vous aurez alors une heure pour préparer votre intervention.
   Cette intervention se fera en trois parties:
   1. présentation du document sonore
   2. développement personnel à partir de la problématique proposée dans la consigne
   3. débat avec le jury

1. MONOLOGUE SUIVI: PRÉSENTATION DU DOCUMENT
Vous devez présenter, en cinq minutes environ, le contenu du document. Vous aurez soin de reprendre l'ensemble des informations et points de vue exprimés. Vous organiserez votre présentation selon une structure logique et efficace qui facilitera l'écoute pour le destinataire.

2. MONOLOGUE SUIVI: POINT DE VUE ARGUMENTÉ
Vous présenterez votre point de vue sur le thème suivant, en une dizaine de minutes.
"La culture est-elle un instrument de développement d'un pays et de quelle manière?"
Vous aurez soin d'organiser votre discours de manière élaborée et fluide avec une structure logique et efficace qui aidera le destinataire à remarquer les points importants.

3. EXERCICE EN INTERACTION: DÉBAT
Dans cette partie, vous débattrez avec le jury. Vous serez amené(e) à défendre, nuancer, préciser votre point de vue et à réagir aux propos de votre interlocuteur.

Enregistrement de l'émission RFI : Elan du 07.01.2007
Invité: Jean Djemad, co-fondateur et administrateur de la compagnie de danse "Black, Blanc, Beurs".
Présentation : Benson Diakité

Introduction:
La culture représente aujourd'hui une activité à part entière. Enjeu de la mondialisation, formidable moteur de développement. La culture est devenue, ces dernières années un secteur de valorisation économique et sociale, qui sous différentes formes, offre de multiples retombées. Au regard de ces données, la culture a-t-elle un rôle à jouer dans les stratégies de développement?

Rappel: pour le travail de lecture, les mots en gras peuvent être "appuyés" et les mots soulignés constituent un champ lexical. Ici: la culture.

Transcription:
- <u>La culture</u> représente aujourd'hui une activité économique à part entière. Enjeu de la mondialisation, formidable <u>moteur de développement</u>, elle crée de la valeur ajoutée **sans** puiser sur les ressources non renouvelables. Longtemps ignorée, la culture est devenue, ces dernières années un secteur de <u>valorisation économique et sociale</u>, qui sous différentes formes, offre de **multiples** retombées. Au regard de ces données, la culture **a-t-elle** un rôle à jouer dans les stratégies de développement? C'est ce que nous allons tenter de comprendre avec notre invité Jean Djemad, co-fondateur de la compagnie de danse "Black, Blanc, Beurs". Jean Djemad, bonjour.
- Bonjour Benson.
- Vous êtes co-fondateur et administrateur de production de la compagnie "Black, Blanc, Beurs", une troupe que vous et votre complice, la chorégraphe Yassine Koudou avez créée dans les années 80. Votre compagnie compte aujourd'hui 22 danseurs dont certains sont là depuis le début de votre

aventure. Première question Jean, la culture **est-elle** un secteur important dans le développement socio-économique de nos pays?
- **Oui, oui,** mais en même temps ça mérite une thèse ou un bouquin, alors je vais essayer de vous répondre en **deux** phrases, la première c'est que dans le développement socio-économique, il est fondamental de savoir **qui** je suis, **d'où** je viens, **où** je vais, et **pourquoi** je fais ce que je fais, la culture, en gros, ça peut répondre à ça.
- C'est **toute** une philosophie là…
- **Oui**, mais ça peut être **aussi** un mode économique, un mode d'échange à la fois de produits, un mode d'échange à la fois de produits et à la fois de pensées, mais il y a **tout de suite** une chose que je voudrais faire apparaître, c'est que, si c'est **vrai** qu'elle joue ce rôle et qu'elle va le jouer **de plus en plus**, il y a **même** des futurologues qui racontent qu'il va y avoir des états fondés **même simplement** sur la culture, quand d'autres visiblement vont se développer vers les assurances, y a **quand même** un champ très important, y a la culture émancipation, la culture outil pour se construire, pour sortir de la précarité, y a la culture industrielle, qui va faire la richesse de gens déjà peut-être **très très** riches
- La culture, **donc**, un phénomène mondial aujourd'hui qui permet à certains pays de se développer, **surtout** de se faire connaître sur la scène internationale.
- **Oui**, sauf que penser à la culture comme, heu, par exemple à l'agriculture, ou à une autre forme d'enrichissement, ou de capacité d'échange, c'est **pas** suffisant. Par exemple, je pense que les colonisateurs, ils pensaient **aussi** à la culture et ça les a **beaucoup** enrichis, mais est-ce que ça a enrichi tout le monde? La question **tout à fait** fabuleusement posée. **Donc**, je crois qu'il faut, à l'intérieur de ça distinguer les comportements, les constructions personnelles, les constructions artistiques, et faire la distinction entre l'intérêt des populations et l'intérêt des Etats.
- A un **certain** moment, dans **certains** pays, Jean, la culture est-elle considérée comme une activité des troubadours **mais aujourd'hui** c'est devenu une activité sérieuse, économique?
- **Oui**, mais toujours dans le sens où elle devient une industrie et où elle devient et produit ou des choses, comment dirais-je, des choses échangeables, sur un marché. **Encore une fois**, tout ce qui de la culture, fabrication de pensée, capacité à se construire soi-même, qui aujourd'hui n'est pas pris en compte **du tout** dans les industries, ni dans les économies dominantes, je pense que c'est cet aspect qui, dans un projet comme le nôtre est **extrêmement** important.
- Justement, lors de la création de votre compagnie en 1984, étiez-vous conscients du rôle de la culture toutes disciplines **bien évidemment** confondues, dans l'émergence économique et sociale des cités ou il s'agissait **tout simplement** pour vous de s'inscrire dans l'avènement du mouvement hip-hop de l'époque?
- C'est plutôt la réponse à la première question, dans la mesure où "Black, Blanc, Beurs" c'est une expérimentation qui s'est fait dans un cadre **très particulier**, c'est la naissance d'une ville nouvelle, la ville nouvelle de Saint-Quentin en Yvelines qui se trouve à 40 km au sud-ouest de Paris, entre Versailles et Rambouillet, on est dans les années 80, de Gaulle vient de décider de mettre en œuvre des villes nouvelles à la sorties des grandes métropoles nationales et il va y avoir là des moyens particuliers pour mettre des gens à en endroit où on a déjà mis les murs et en général les villes, elles se font plutôt dans l'autre sens, **donc là**, la culture, les moyens de l'art et du dur ont été mis de manière **massive** sur cette ville nouvelle notamment, mais enfin les autres **aussi**, pour permettre aux gens de fabriquer une ville, une **vraie** ville, une ville **légitime**, des **vrais** rapports dans une **vraie** ville. **Donc** je crois **vraiment** que, dés le départ c'est cet outil qui nous intéresse, sauf que c'est pas tellement de culture dont on parle au départ mais c'est de processus artistiques, de gestes artistiques, et **éventuellement** d'art au sens de quelque chose d'abouti ou de reconnaissant.
- **Mais** au-delà du projet artistique Jean, c'était aussi une manière pour vous de vous engager dans la cité, **surtout** de vous impliquer dans un champs social?
- Disons qu'il fallait bien partir de **là où** on pouvait, **là où** on peut partir quand on est Black, Blanc, Beur, au début des années 80, c'est quoi, c'est d'abord affirmer une identité, Black-Beur qui aujourd'hui peut-être même **déjà** dépassée, j'en suis ravi, c'est celle de dire cette différence entre nous et nos parents, nos parents qui étaient des gens qui ne voulaient pas d'histoires, **c'est pas** dire qu'ils en avaient pas, **c'est pas** dire qu'ils espéraient pas en avoir une, ça voulait dire qu'ils voulaient être discrets et se fondre dans le paysage pour nous faire vivre dans des conditions correctes. **Donc** y a cette époque là où on fait à la fois parcours d'identité et où on a entamé un parcours de reconnaissance **tout en** utilisant un moyen qui est un parcours de connaissance.
- C'était une façon **aussi** de vous engager politiquement?
- C'était deux choses, c'était **un clin d'œil** au drapeau, au drapeau français bleu-blanc-rouge, c'était **un clin d'œil** derrière ce drapeau à un certain nombre de promesses récentes du point de vue de l'histoire, celles du Général de Gaulle, qui a demandé à nos parents, nos grands-parents d'aller libérer la France et on leur a proposé en échange la citoyenneté et on voit comment aujourd'hui à travers ce

que nous vivons dans les banlieues, cette question d'identité, de place est **toujours pas** résolue, c'est aussi, comment dirais-je, une manière de poser l'universalité et la diversité mais par exemple aujourd'hui, on a des danseurs d'origine asiatique et dés le départ nous n'étions pas dupes des couleurs que nous utilisions.

- La culture, <u>vecteur de développement</u>, en compagnie de Jean Djemad, co-fondateur et administrateur de la compagnie de danse "Black, Blanc, Beurs", **pour vous** Jean Djemad, est-ce que <u>la pratique artistique</u> renvoie à des pensées philosophiques ou à des comportements tels que générosité, compétence, engagement?

- Alors ces trois termes, c'est ceux que j'emploie volontiers pour parler de, disons des valeurs que nous essayons de mettre au travail, euh, maintenant, ces valeurs, elles sont valables pour **n'importe qui dans n'importe** quelle circonstance. <u>L'histoire de l'art</u> dans ce truc là, c'est quand même **effectivement** j'y ai pas complètement répondu tout à l'heure, c'est l'avènement du mouvement hip-hop et cette faculté **extraordinaire**, à la fois sur le fond et sur la forme, d'agréger cette population Black, Blanc, Beur de banlieue, **mais c'est aussi**, comment dirais-je, une volonté pour nous de fabriquer **quelque chose** de beau, d'avoir **quelque chose** à offrir et de se mettre en situation de pouvoir échanger.

- Est-ce qu'à ce titre, **cette** danse, **cette** troupe a permis à certains jeunes des banlieues de s'affirmer sinon de s'insérer socialement?

- **Oui**, sauf que dés le départ, nous, nous chassons des mots comme "insérer", parce que pour nous "insérer" c'est quelque chose **d'un tout petit peu** mécaniquement difficile, c'est-à-dire quelque chose qui doit se mettre dans un espace, dans une matière où y a déjà **pas forcément** la place, quoi ou alors, il faut pousser quelque chose. **Nous**, on est plutôt dans la perspective d'une construction d'identités qui fait qu'on est **tellement** sympathiques, magnifiques et beaux (rires) que les gens nous voient **absolument** comme des alter ego et pas comme des braves noirs ou des braves arabes qu'on a insérés.

- Jean Djemad, est-ce qu'il y a beaucoup d'élèves comme Lorie qui sont passés chez vous, qui ont crée leur troupe et qui vivent de leur métier?

- **Oui,** simplement, je vais retirer le mot "élève" parce que pour réussir un projet comme celui-ci, ou du moins, il me semble qu'on a tiré du mouvement hip-hop, le cercle, à la fois comme valeur géométrique, comme valeur philosophique, comme valeur de, j'allais dire de rapport d'espace des uns par rapport aux autres, et Black, Blanc, Beur **existe et persiste** depuis 22 ans parce que justement, on est sur le cercle. Etre sur le cercle, c'est quoi? C'est être à la circonférence jusqu'au moment où votre compétence est appelée au centre, une fois qu'elle n'est plus appelée, vous revenez au bord du cercle, à la circonférence. C'est **très important**. C'est pas une école, c'est peut-être même un truc qui requestionne l'école et le rapport à la connaissance parce que d'un seul coup, là, y a **plus de** prof, y a 2 humains, un est en mouvement et qui sait des trucs, l'autre qui est aussi en mouvement et qui a envie de savoir des trucs. La motivation est déjà installée dans ce processus.

- Vous êtes **toujours** à l'écoute du magazine Elan sur RFI, "Culture et développement" en compagnie de Jean Djemad, co-fondateur de la compagnie de danse "Black, Blanc, Beurs", alors jean la compagnie "Black, Blanc, Beurs" a, à son actif, une dizaine de pièces chorégraphiques, vous avez donné **plus de** 1000 représentations en France et à l'étranger, et vous vous donner le temps également pour animer des ateliers, pour quel objectif Jean?

- Pour nous, il n'y a qu'une seule chose, c'est le geste artistique, aux confins de ce geste, il y a le havre, au sens le plus académique et disons traditionnel du terme, et de l'autre côté, y a des artistes en rapport avec des habitants dans le quotidien, qui font des **petites** choses discrètes, **pas forcément** qu'on a envie de montrer tout de suite, et qui permettent cette construction, à la fois d'un "être ensemble" hein, et à la fois une construction personnelle, entre les deux, il peut y avoir **toute** une échelle d'exigences de valeurs et de formes qui peuvent sortir, c'est dans cet esprit, **en tout cas** c'est **avec** cette définition, **sur** cette base que nous travaillons. Pour nous, y a un paradoxe qu'on gère, c'est à la fois <u>l'utilité de l'art</u> **et en même temps** sa nécessaire inutilité, c'est **parfaitement** contradictoire, c'est un vrai **paradoxe**!

ÉPREUVES D'EXAMEN

1. MONOLOGUE SUIVI: PRÉSENTATION DU DOCUMENT
Pour vous aider à présenter le contenu du document, aidez-vous de la fiche

FICHE
La situation de communication :
La transmission : une radio de radio RFI
Le caractère du document : public, vouvoiement
Les locuteurs : deux hommes
L'intention des locuteurs : présenter une expérimentation en matière de culture
L'objet d'étude : LA CULTURE
Le thème : la culture vecteur de développement
Le concept :
　　définition : la culture est devenue est un secteur de valorisation économique et sociale
　　mots-clés : moteur de développement, un secteur de valorisation économique et sociale, un mode
　　　　　　　économique, un mode d'échange, la culture émancipation, la culture outil, la culture
　　　　　　　industrielle, un phénomène mondial

La problématique :
La culture est-elle considérée comme une activité sérieuse, économique?

La délimitation du sujet dans le temps :
Historiquement :
- la compagnie "Black, Blanc, Beurs" créée en 1984
- dans les années 80, de Gaulle décide de mettre en œuvre des villes nouvelles à la sorties des grandes métropoles nationales
- au début des années 80, affirmation de l'identité, Black-Beur
Aujourd'hui :
- aujourd'hui 22 danseurs dans la compagnie

La délimitation du sujet dans l'espace géographique :
- en France, dans les banlieues, à Saint-Quentin en Yvelines qui se trouve à 40 km au sud-ouest de Paris, plus de 1000 représentations en France et à l'étranger

Les idées :
- la culture participe au développement socio-économique
- la culture c'est un mode économique, un mode d'échange, , il y a la culture émancipation, la culture outil pour se construire, pour sortir de la précarité
- la culture peut être une manière de s'enrichir
- la compagnie "Black, Blanc, Beurs" c'est une expérimentation qui s'est fait avec la naissance des villes nouvelles pour faciliter l'intégration des immigrés, des populations Black, Blanc, Beur de banlieue
- la compagnie de danse, c'est une manière de répondre à des questions identitaires

Un exemple pour illustrer une idée :
- les colonisateurs, ils pensaient que la culture allait les enrichir

La conclusion :
Le plus important n'est pas le développement socio-économique au travers de l'art mais l'art pour l'art, l'art utile et inutile.

2. MONOLOGUE SUIVI: POINT DE VUE ARGUMENTÉ

Vous présenterez votre point de vue sur le thème suivant, en une dizaine de minutes :

"La culture est-elle un instrument de développement d'un pays et de quelle manière?"

Vous organiserez votre discours de manière élaborée et fluide avec une structure logique et efficace qui aidera le destinataire à remarquer les points importants.

Idées: la culture joue un rôle dans le développement local, la culture est une source d'emplois, d'exportations et de revenus à l'échelon national et aussi au niveau local. Dans les villes, les métropoles et les régions, la culture est une composante essentielle du cadre de vie, une source de revenus liés au tourisme, ainsi qu'un levier de créativité pour la production de biens et services nouveaux. La contribution de la culture à l'emploi peut varier de 3 à 7 %. Ainsi, il n'est pas étonnant que les gouvernements locaux souhaitent encourager le tourisme culturel. La culture est l'essence même d'un peuple et non simplement un produit. La culture, ensemble de valeurs, de créations d'une société, expression de la vie même, est essentielle à celle-ci et n'est pas un simple un instrument de l'activité sociale. La coopération culturelle fournit le lien entre la diversité et la solidarité humaine.

3. EXERCICE EN INTERACTION: DÉBAT

Dans cette partie, vous débattrez avec le jury. Vous serez amené(e) à défendre, nuancer, préciser votre point de vue et à réagir aux propos de votre interlocuteur.

FICHE D'ÉVALUATION

Il est important de connaître les critères de correction qui correspondent à l'épreuve orale pour :
- se former un jugement sur sa pratique orale
- corriger éventuellement des défauts de prononciation,
- viser des points d'amélioration de la prise de parole

en vue d'une meilleure expression orale.

COMPRÉHENSION ET PRODUCTION ORALES (50 points)

PREMIÈRE PARTIE : Présentation du document sonore

- ✓ Savoir introduire et conclure une présentation avec naturel et pertinence
- ✓ Savoir restituer l'ensemble des informations importantes et des points de vue exprimés sans les altérer (avec objectivité, fidélité et précision)
- ✓ Savoir organiser son discours selon une structure logique et efficace

DEUXIÈME PARTIE : Présentation d'un point de vue argumenté

- ✓ Pouvoir élaborer une réflexion personnelle en s'appuyant sur des arguments principaux et secondaires et sur des exemples pertinents
- ✓ Pouvoir produire un discours élaboré, limpide et fluide avec une structure logique, efficace qui marque les points importants

TROISIÈME PARTIE : Débat
- ✓ Pouvoir facilement préciser et nuancer sa position en répondant aux questions, commentaires et contre-arguments

Pour l'ensemble de l'épreuve :

Lexique (étendue et maîtrise)
- ✓ Posséder un vaste répertoire lexical permettant une grande souplesse pour reformuler ou nuancer des idées.
- ✓ Utiliser constamment un vocabulaire approprié

Morphosyntaxe
- ✓ Maintenir un haut degré de correction grammatical
- ✓ Faire preuve d'une grande souplesse dans les constructions
- ✓ Etre capable de nuancer, de préciser, de modaliser

Maîtrise du système phonologique
- ✓ Avoir acquis une intonation et une prononciation claire et naturelles
- ✓ Pouvoir varier l'intonation
- ✓ Savoir placer l'accent phrastique pour exprimer des nuances de sens
- ✓ Savoir mobiliser l'attention de l'interlocuteur

www.francaisplus.com   ÉDITIONS FRANÇAIS PLUS

LIEN POUR LE TELECHARGEMENT GRATUIT DES FICHIERS MP3

http://096oralprofc2.weebly.com

En cas de problème pour le téléchargement envoyez un mail à l'adresse suivante en précisant le titre du manuel (C1, C2, livre du professeur, livre de l'élève, etc...), la date d'achat et le site Amazon d'achat. Nous nous efforcerons de régler votre problème au plus vite :

lafeeprepa17@outlook.fr

Printed in Great Britain
by Amazon